服部英二
鶴見和子

「対話」の文化

言語・宗教・文明

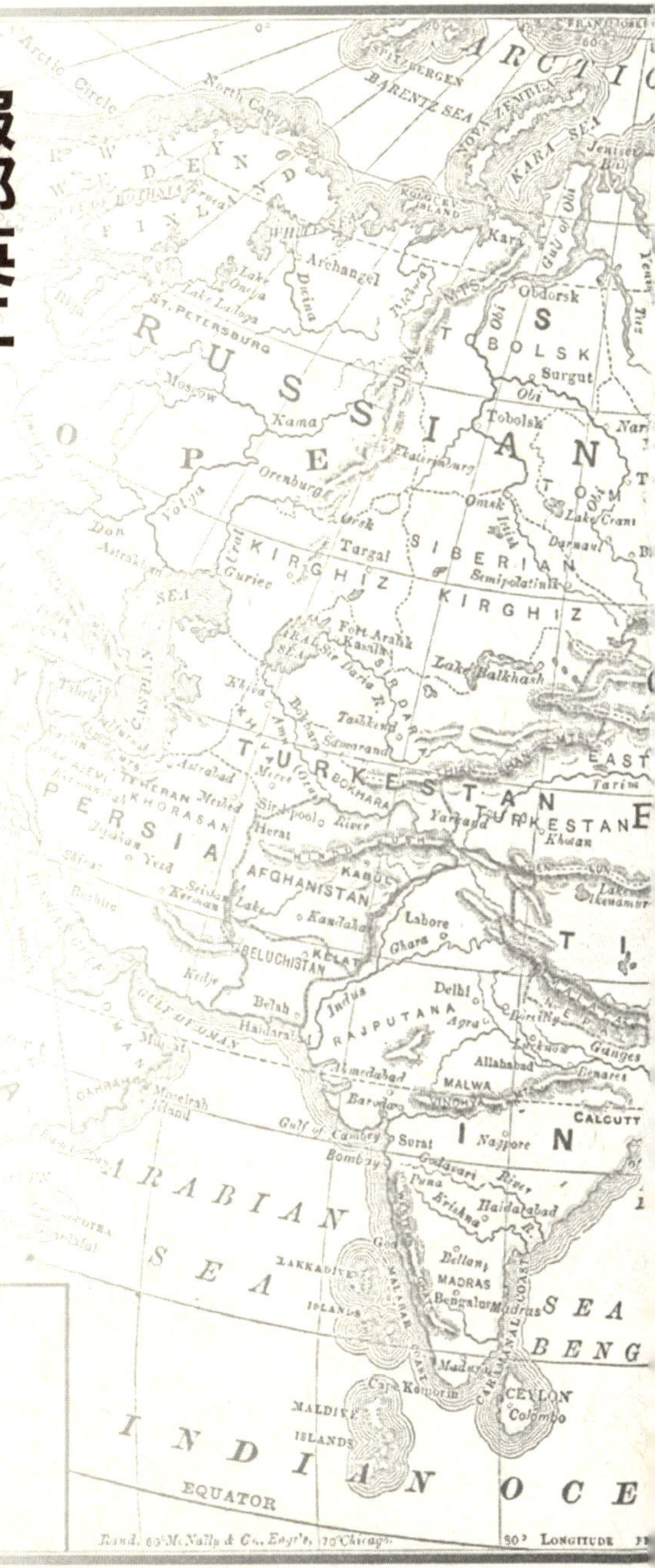

藤原書店

「対話」の文化

目次

〈プロローグ〉因と縁――星の降る夜の随想　服部英二　010
クストーとの出会いと服部英二さん　鶴見和子　015

I 「文明間の対話」の基盤を求めて　019

ユネスコとは何か　……………………020

第二次大戦中から構想されていたユネスコ　020
世界に「一石を投じる」ための機関　023
「世界遺産」――人類に属するものは人類が救う　026
ユネスコの「政治化」はアメリカが先導した　028
「科学と文化の対話」で目指したこと　032
ベレンでの衝撃　034
「ヴェニス宣言」と「東京からのメッセージ」　038
クストーの存在　044
ユネスコ憲章と日本国憲法　047

「対話」の基盤としての言語……051

言語は船である　051
意思疎通の出発点は身振りから　054
シビリザシオンとクルトゥール　057
国連公用語に現れた問題　059
言葉を超えた対話は可能か　063
漢字によるコミュニケーション　067
英語偏重の弊害　072
アラビア語とラテン語　077
アラブ世界をつなぐコーランの言葉　081
言語の根幹は音である　084
日本語が日本人をつくる　089

宗教と多様性……093

「循環」に到達したチュニジアの詩人　093
直線の時間に基づく宗教　097
直線の論理と「曼荼羅の思想」　100

ボロブドゥールに描かれた世界像　104
インドネシアの宗教的寛容　107
ボロブドゥールと空海との接点　109
「文明の衝突」を超えて　112
ハンチントンの宗教無理解　115
他者は自己の存在条件である　117
形式論理学を超える「萃点の思想」　123
ゴッホの太陽はなぜ輝くか？　127

II　歴史認識を問い直す　131

「東洋」と「西洋」を超えて……………………132
現在のアメリカは「崩壊する帝国」　132
アメリカの強みは既に失われている　136
日本の使命とは何か　139
オリエンタリズムの真の問題　140

「東洋」という概念の虚妄　144
さまよえる「アジア」概念　147
「ヨーロッパ」の語源にある神話　150
イスラームを排除するヨーロッパの歴史観　152
デカルトも指摘した歴史の歪曲　154
自然の中に神の法則を見たデカルト　156
神の存在証明に挑んだ哲学者　160
日本は一神教的である　164
多神の競争から生まれた一神教　166

循環と再生の思想へ

循環と再生の思想へ……171
大いなる水の循環が育むもの　171
山に残された少数民族の文化　174
日本の歴史から消されたアイヌ　177
民族の根幹を奪う政策　180
国を超えて教科書を分かち合う　182
日本はアメリカと心中するのか　187
国際社会における「声なき声」　192

南方熊楠の可能性　195
大いなる循環の中で　199

〈エピローグ〉　諸文明の萃点を求めて　服部英二　204
共生に向けての対話へ　鶴見和子　207

〈資料〉1　東京からのメッセージ　210
2　対話の文化　服部英二　214

「対話」の文化

言語・宗教・文明

プロローグ

因と縁——星の降る夜の随想

服部英二

縁は因果と因果の錯雑《さくざつ》として生ずるものなれば、諸因果総体の一層上の因果を求むるが我われの任なり。

——南方熊楠

星の降る夜——。漆黒の天蓋に撒き散らされた金の真砂《まさご》。ほのかに煙る銀河。それは突如、私には何か親しいものに感じられました。底知れぬ神秘——あくまでも不可解なものが、そのとき、私の心中には限りなく優しいものとして立ち現れてきたのです。

「この無限の空間の永遠の沈黙が、私を怖《おのの》かせる」

いつも気にかかっていたパスカルのこの有名な断章は、その瞬間、私を静かに離れてゆくのでした。それはあくまでも理性の言葉でした。無限空間、しかもそのころ新しく見えてきた、神の居ない空間に対する恐怖、私の愛するパスカルをもってしても、その経験は、あくまでも近世初頭の理性の怖《おのの》きだったのだ、と私の中で囁く声がありました。

翻ってみれば、近代の理性の行ったことは物事の単純化でした。複雑なものを単純な要素に還元すること、これが近代科学の道だったのです。

一九世紀は因果律の時代でした。「因」と「果」、この二つの単純な対立項ですべてを説明しよう、という気運がありました。しかし、「ある結果には必ずその原因がある」というその第一命題は正しくても、「同じ原因からは必然的に同じ結果が生まれる」というその第二命題は、現実の事象に必ずしも対応しませんでした。なぜでしょう？

世の中には「因」のほかに「縁」というものがある。このことに目を開かせてくれたのは鶴見和子さん。その南方熊楠の研究です。

あれは一九九二年でした。私はアマゾン河のほとりの原生林の中に鶴見さんと踏み込んで行った日のことを想い出します。

「すごい！　カカオの実って幹から直接生えるのね！」

鶴見さんは生き生きしていました。

ブラジル・ベレンでの国際会議での、そのごく自然な開かれた立ち居振る舞い、彼女は国際人そのものです。その鶴見さんは、辺境に生きた「埋もれた日本の天才」南方を、エコロジーの先駆として世界に紹介したのです。

南方熊楠は、因と縁という共に仏教的な二つの概念に着目します。

「今日の科学、因果は分かるが（もしくは分かるべき見込みあるが）縁が分からぬ。この縁を研究するのが我われの任なり。しかして、縁は因果と因果の錯雑として生ずるものなれば、諸因果総体の一層上の因果を求むるが我われの任なり」

真言宗の高僧土宜《とき》法竜《ほうりゅう》に宛てられた書簡の中で、彼の言わんとしたのは、因果律の否定ではなく、一連の因果の連鎖が他の連鎖と複雑に絡み合い、相互作用を起こしている、ということでした。今の言葉でいう「複雑系」をすでにこの時点で見透かしているのです。

この相互作用により、一見乱雑にばらまかれた事象に、あるとき、ある場所で「引き合い」が起こり、一点に収斂してゆく現象が現れます。その点を南方は「萃点《すいてん》」と呼びました。

南方の画いた線と点との奇妙な交叉図があります。その図を鶴見さんから見せられた中村元《はじめ》博士は、即座に、

「ああ、これは南方マンダラですね」

と言ったそうです。以来この図は「南方マンダラ」と呼ばれるようになりましたが、今になると、これが近代科学を超えた新しい未来型の科学のモデルを示していたことに気がつきます。しかもそれは空想ではなく、綿密な自然観察と実証に基づくものでした。

私の思いはここで、南方が見凝《みつ》めていた那智の山中から遥か天空へ、果てしない宇宙へと飛翔します。

ハッブル宇宙望遠鏡や、新たにハワイ島に設置された日本の天体望遠鏡すばるから送られてくる息を呑むような美しい大宇宙の姿、それと南方マンダラが相関しているように思われたのです。

「あるいは南方の見た極小の世界とすばるの見ている極大の世界は、まったく同一のものなのではないか?」

一五〇億年前と言われる宇宙の誕生――ビッグバン、絶えず渦巻き状に膨張を続ける大宇宙、その中に無数に点在する銀河、光さえも吸い込むブラックホール、星々の死=スーパーノヴァ(超新星)、死せる星は細かい塵となり、暗黒の宇宙を遊泳し、それがまた、いつしか引き合い、集合し、新しい星となって生まれ変わる、その姿はそのまま生命の実相なのではないのか――?

私の思いはさらに続きます。

「いうなれば、私のいのちもまたその一つの塵、それが数知れぬ人との出会いによって、私を取り巻くすべてのものによって、引き合いすなわち縁によって刻々生かされている。一人ひとりの人が縁の現れなのだ。私の意識とは多くの人の意識の、あるいは宇宙という大いなる命《いのち》の、一つの萃点にすぎないのだ」――と。

星がその死を迎えるように、私という一つの萃点もまた死を迎える。しかしそれは万有の一部、散りゆきまた集まる、また散りゆきてまた集まる、悠揚《ゆうよう》たる時の大河に浮かぶ「命の鎖」

の実はほんの一環なのだ……。
あの星の降る夜、私は静かに、透明な時を呼吸していました。

（服部英二『出会いの風景』麗澤大学出版会より）

クストーとの出会いと服部英二さん

鶴見和子

私が倒れる三か月前――一九九五年の九月――に東京の国連大学で、パリのユネスコ本部と東京の国連大学が共催で「文化と科学の対話」というテーマの国際会議がありました。パリのユネスコ本部に服部英二先生が首席報道官として在任していらしたんです。現在服部先生は退任して、麗澤大学の教授となっておられます。ユネスコ本部ではこの方が大変大事だと思っているので、パリのユネスコ本部の事務総長の顧問として、その役に残っていらっしゃる。その方が全体の会議の司会をなさいました。そして基調講演はジャック＝イヴ・クストー、フランス人です。日本からは大江健三郎さん、この二人が基調講演者でした。私はシンポジウムで、南方熊楠に関する論文を出して報告をいたしました。わたしはクストーの演説を聴いて、感動しました。

クストーという人物を説明しますと、海洋探検家です。とくに海の底に潜ったり海の底の生物を、三十年間、四十年間、世界のいろいろな地域で調べ上げました。その結果、第二次世界大戦後、海の底の生物の種が減っていることに気づいたのです。例えば鳥でも、トキなんかはもう日本にいなくなったでしょう。鴇色なんていっても、だれもわからない。私の小さい時は、鴇色の着物といえばすぐわかった。トキがいたから。だけどいまの人に鴇色の着物と言ってもわからない、ピンクと言わなきゃならない。ほんとにおかしくなってきた。それは、そのもとのものがいなくなったから。そういう生物の種類、種が少なくなった地域の環境はもろい。生き物が生きていきにくい場所になる。地球上に生物の種類が少なくなると、地球が壊れていくということを警告したのです。

クストーは、それだけじゃない、文明についても同じことがいえるといったのです。文明の種類が少なくなると、文明は崩壊する。例えば、アメリカ文明はいま栄えていると思ってるでしょう。それからイスラム文明は敵だと思われているでしょう。そうすると敵を滅ぼしてしまう。自分の文明が一番いいから、これを世界中に広げてやるとなると、攻撃主体の文明自体の自殺行為なんです。そのことを非常に強く警告しました。クストーは実際に調べて、いろんな少数民族の文化が壊されていく、そういう少数民族が追われていく。例えば、アメリカ・インディアンにしろ、カナダ・インディアンにしろ、追い払われていく。インディアンの文化がキリスト教文明によって支配されていく。そういうこともつぶさに調べて、文明も生物と同じである、いろんな文明が共に生きる、生物にしても、文明にしても、多様なものが共に生きる場合には生き残る可能性が大きいと主張しました。私はそのことがひどく印象に残っています。クストーは何を実践したか。南方の実践は神社合祀反対運動で、貴族院で神社合祀無益の議決が出たときに実現しました。クストーは何をしたかというと、一九七二年に地球サミットがありました。そこへ行って、未来世代に対する現代世代――われわれですね――の責任、未来世代の権利宣言を国連憲章の中に入れてくれ、そういう運動をはじめました。そしてクストーが死んだのが一九九七年です。ずいぶん長生きしたんです。ちょうど死んだ年、一九九七年にこれが国連で採択されました。「未来世代の権利宣言」です。「子どもの権利宣言」は、もうすでに通っているんですけれども……。子どもというのはもうすでに生まれているでしょう。未来世代というのは、これから生まれてくる子どもたちのために、地球を生きやすい場所として保つことが、現代世代であるわれわれの責任である。そういうことが国連で採択されました。この二人とも、学者だけじゃない。学者であると同時に実践家であったことが非常に大事だと思います。

（鶴見和子最終講演「斃れてのち元まる――命耀くとき」、『環』20号所収、より抄録）

I

「文明間の対話」の基盤を求めて

ユネスコとは何か

◆第二次大戦中から構想されていたユネスコ

——服部先生はユネスコの「科学と文化の対話」シリーズをずっとやってこられる中で鶴見先生と出会われたそうですが、その企画をどういった動機で始められたのでしょうか。

服部　ユネスコ（UNESCO : United Nations Educational Scientific and Cultural Organization）は、日本語では「国連教育科学文化機関」という国連の専門機関です。これには前身があって、国際連盟（League of Nations）の中に「知的協力委員会（Commission for International Intellectual Cooperation）」というのがあったんです。これは戦前の話ですけれども、哲学者のベルグソン*が一番主導したんです。そこにマリー・キュリー*とか、ホイジンガー*とか、アインシュタイン*も出ている。タゴール*も呼ばれてきている。この知的協力委員会が数々の大きな知的シンポジウムを開いていたんですが、その国際連盟の事務局内で幹事を務めていたのが新渡戸稲造*です。

＊ベルグソン　Henri Bergson　一八五九―一九四一。フランスの哲学者。
＊キュリー　Marie Curie　一八六七―一九三四。フランスの物理学者、化学者。
＊ホイジンガー　Johan Huizinga　一八七二―一九四五。オランダの歴史家、文明批評家。
＊アインシュタイン　Albert Einstein　一八七九―一九五五。理論物理学者。
＊タゴール　Sir Rabindranath Tagore　一八六一―一九四一。近代ベンガル最大の詩人、思想家。
＊新渡戸稲造　一八六二―一九三三。農業経済学者、教育家。

鶴見　あの時は国際連盟事務次長だったんですね。

服部　そうです。これはすばらしい仕事だと思うんです。しかし、残念ながら日本は国際連盟を脱退します。それで第二次世界大戦に突入していって、国際連盟はそこで瓦解するわけです。それで、一九四三年――まだ第二次大戦の戦渦の中、ドイツのナチの軍隊がノルマンディーまで占拠していた時――に、対岸のロンドンで何が行われていたかというと、時のイギリス教育相のウィルキンソン女史*が呼びかけて、亡命政権の文部大臣会議をやっているんです。ドイツ軍が毎日、爆撃している灯火管制の中でやっている。その空爆下の会議で何を議論していたかというと、この一九四三年の時点で、すでに戦後の教育の復興をいかにすべきかということを議論しているわけです。まだ戦争は二年続くんですけれど、ロンドンがあぶないという時期に、すでにそのことを話しているんです。これはすばらしいですね。一九四三年に日本は何をやっていたかといいますと、アメリカ軍が反撃に転じて、だんだん戦局が敗色に転じたころですから、「鬼畜米英」でやっていまして、英語さえも敵性国家の言語として、やっていなかった。

＊ウィルキンソン　Ellen Wilkinson　一八九一―一九四七。イギリスの国会議員。四五―四七年教育相。

このロンドンで議論されたこと、それをイランのハタミ大統領は、二〇〇五年四月のシンポジウムで引用しました。ユネスコ憲章の前文の冒頭の「戦争は人の心の中で生まれるものであるから、人の心の中に平和のとりでを築かなければならない」、これはアトリー首相の述べたことを元にした非常に有名な言葉で、みんな知っているわけです。その次に書いてあることが、このロンドンの反省なのです。「相互の風習と生活を知らないことが、人類の歴史を通じて世界の諸民族の間に疑惑と不信をおこした共通の原因であり、この疑惑と不信のために諸人民の不一致があまりにもしばしば戦争となった」。これはその時に行われた反省の結論なんです。それで続いて、政府間の取り決めだけでは平和はこないということをいって、「真の平和は人類の知的、精神的連帯の上に築かれなければならない」という言葉がくるんです。この反省から、知的協力委員会が行っていた活動を強化して引き継ぐ機関をつくらなければいけない。それがユネスコの発端です。

◆世界に「一石を投じる」ための機関

服部　ですから、いまでこそ「文明間の対話」という言葉が定着しましたが、ユネスコの根本も、その言葉は使っておりませんけれどそこなんです。平和のためには、お互いの文化の本当の理解というものが不可欠なんだということです。ユネスコは一九四五年十一月に憲章が採択されるんですが、二十カ国の批准を待って一九四六年十一月に実際に誕生するわけです。だから、その反省は非常に重要だったんです。その時、知的協力委員会の活動を引き継ぐという根本的な姿勢があった。しかし、知的協力委員会が本当の活動ができなかったのは、財政的な基盤が弱かったという反省もなされて、次につくられる機関は政府間機関として、その分担金で活動を保証しようという発想になるんです。これがユネスコが政府間機関として発足した理由です。

それで最初は教育の問題、それから文化の問題からスタートしました。教育（Educational）・科学（Scientific）・文化（Cutulal）と、あいだに「S」が入っていますね。教育と文化だけだったらユネコ（UNECO）になるところだったんです。実際に一九四五年の当初はまだ、みんなが話していたのは教育文化機関、UNECOだったんです。ところが、そこに「S」が入って、UNESCOになる。その「S」は、じつは日本が関係しているんです。一九四五年の八月に広島、長崎への原爆投下があった。そこでついに人々が気がついたのは、「科学」という、元来は人間の福祉に役立つために作られたものが、一人歩きして、ついに人類を滅亡させる脅威となった、と。だからこれを真剣に扱わなければいけないというのが、UNESCOの「S」が加わった理由です。そこで一九四五年十一月のロンドン会議では、「S」を加えたUNESCOという名前で誕生するんです。

知的協力委員会がユネスコの前身であったということに思いを馳せてみますと、実際に初代の事務局長、ジュリアン・ハクスレー*が推進した「東西プロジェクト」があります。これは本当の東の国、つまり日本、中国、インドのような国々の古典が、ヨーロッパに全然知られていない。出版物、文化が西（ヨーロッパ）から東に一方通行になっているのを両面通行に切り換えようというのですけれど、ユネスコの費用でいろいろなものを作っていくんです。これはという出版物をヨーロッパ語に翻訳して、紹介していくということがあった。これは大きなものを生みました。

＊ハクスレー　Julian S. Huxley　一八八七―一九七五。イギリスの生物学者。一九六三年ノーベル生理学・医学賞。

私はいつも、ユネスコというのは「一石を投じる」機関だということを言っているんです。

一例をあげますと、その「東西プロジェクト」の一環としてユネスコの援助を受けながら、川端康成の『雪国』が英語とフランス語に訳されるわけです。そうして初めて、世界は日本文学というものがあるということに気がついたんです。川端さんがノーベル賞を受賞した時に言っています。「私は日本の川端という作家だからというので受けに行くんじゃない。日本の文学界を代表してノーベル賞をいただきに行く」と。それはそのとおりで、各国が日本文学というすばらしい金の鉱脈があるんじゃないかということに気づきまして、ヨーロッパの出版社が日本文学の発掘にかかるわけです。『三島由紀夫全集』はユネスコの援助は受けずにガリマール社が自費で出した。それから谷崎潤一郎から阿部公房まで、全部訳される。そういうふうに日本文学が俄然ヨーロッパに紹介されたというのは、最初の「東西プロジェクト」で行われた川端の翻訳にあるわけです。それが私が言っている「一石を投じる」の意味なんです。

ユネスコの非常に限られた予算で何ができるか。ユネスコは国連機関ですから非常に大きな予算を持っているんだろうと思うと、それは大まちがいで、まず、東京大学という一大学の予算の四分の一ぐらいです。では、東大とユネスコのどちらを世界ではよく知っているかということ、ユネスコでしょう。やはり一石を投じるということと、先行的な理念を生みだすということがあるんです。

◆「世界遺産」――人類に属するものは人類が救う

服部　その一例をいいますと、「生涯教育」という考え方がありますね。英語で life long education、フランス語で éducation permanente ですが、この理念はユネスコで一九七〇年ぐらいに発信された。いまでは、その理念は世界中で日常語になっていますが、そうなるのに十五年や二十年の年月がかかっているんです。

それから「世界遺産」という考え方。これは私がユネスコに入ってそうとう促進したもので、昔からあったわけではないんです。「遺産」というのは、英語で heritage と言いまして、フランス語の patrimoine もそうですが、だれかに属するものです。だから十八世紀ぐらいまで、こういうことだって起こっているんです。フランスで起こった話ですが、ある人が廃棄された教会を買った。そしてそれを解体して、そこにあるいろんな美術品をばらばらにして売ってしまった。ルーヴル宮というのはブルボン王朝の持ちものでしたが、フランス革命の後でやっと国立のミュージアムに変身するんです。そこで「国の財産」という考えがでてくる。それまでは国の財産もないんです。これはどこの殿さまのもの、どこの侯爵のもの、あるいは教会のもの、ということです。ところが、「国の財産」という考え方自身が生まれたのがフランス革命の後で、そうなると国の財産であるから国が守らなければいけない、こうなりますね。

ところが、これは人類全体の財産であるから、人類がこぞって協力して守らなければいけないというのが「世界遺産」の発想で、これは実はすごい発想の転換です。それが起こったのは、やはりユネスコで一九六〇年代から進めた、エジプトのヌビア地方のアブ・シンベル神殿の救済が、その第一弾です。アブ・シンベルというラムセス二世の神殿は、ナセルがソ連の協力を得てアスワン・ハイ・ダムを造った時に、ナセル湖という大きな湖ができて、その水の下に水没する運命にあったわけです。それどころか、あと二十の神殿が水没するということになった。アブ・シンベル神殿はその中でもひときわ有名で、すばらしい遺跡であるから、これを国際的に救済しなければいけないということで、一九六〇年から十五年ぐらいかけてやりました。これはなんと、岩山にあった巨大な神殿を切り取って、六〇メートル上に寸分違わず移動したんです。

私はそこへ行きましたが、それがお豆腐のように切られているんですけれども――それでなかったら上げられませんからね――、その継ぎ目が見えないんです、実際に。それぐらい精巧な作業でした。それと同時に今度は、フィラエ島にあったイシス神殿を、水没しない別の島にそのまま、また寸分違わず移したという事業が六〇年代にあったんです。イシス神殿の救済の終わりまで二十年ぐらいかかっています。

この時に初めて「人類の遺産」という考えがでてくるんです。この時は文化財の方ですけれど。その続きとして、モヘンジョ・ダロ（パキスタン）やボロブドゥール（インドネシア）の救済も行われた。現在はユネスコといえば世界遺産というのが人口に膾炙《かいしゃ》して、普通のことに見えますけれども、その時に意識の改革があったんです。六〇年代に行ったこのエジプトのヌビア地方の古代神殿の救済がきっかけになって、人類に属するものを人類が救う、という発想が生まれた。個人から国、国から一歩広がって、人類の財産になるわけです。こうした意識の改革を行うのがユネスコであろうと思います。いま例として引いたものは二つですが、おそらくこの後もっと深くお話ししなければいけない「文化の多様性に関する世界宣言」、これは人類が共有しなければいけない一つの新しい認識にこれからなっていくと思いますが、それがやはりユネスコから発信されています。

◆ユネスコの「政治化」はアメリカが先導した

服部　私が、最初に「科学と文化の対話」シリーズというものをやろうと思ったのは、まず第一に、先ほど言いましたように、ユネスコの前身に知的協力委員会というものがあったということ。それからもう一つは、ユネスコは最初、「東西の対話」ということに取り組んだけれど、一九六〇年から軸が回転してくる。ユネスコの東西の軸というのが南北に転換してくるんです。

一九六〇年代といいますと、旧植民地であった国々がどんどんと独立していった年代です。アフリカなんかを筆頭に、大挙してそれがユネスコに入ってくる。そのような新加盟国は何を要求したかというと、知的協力というような高尚なことではなく、学校がない、教科書がない、カリキュラムがない、教師がいない、といった実際の問題について援助してくれといってきたんです。それも無理はない。ですから一九六〇年代からユネスコには、東西ではなしに南北の軸というのが立てられるわけです。ルネ・マウ*が事務局長の時です。それからずっと「開発援助」が大きな軸になってきたということがあります。一九七五年からは「新世界秩序」という新しい概念が入りますけれども、いずれにしても、そういうふうにユネスコの軸の転換があったということと同時に、一九五〇年代の半ばからユネスコが政治化していくということがあります。

＊マウ　René Maheu　一九〇五―七五。フランスの哲学者。一九六二―七四年、ユネスコ事務局長。

八四年にアメリカが、ユネスコが政治化したと非難して脱退するんです。しかし、もっと前に遡ってみると、本来はその政治化の要因をつくったのはアメリカなんです。ユネスコは知的協力委員会から出発しましたから、最初はユネスコの執行委員会（理事会）という中枢部の会合の委員は全部文化人だった。政府の役人ではなく文化人が個人の資格で出ていたんです。これはすばらしい。例えば、ユネスコの憲章を書いたのは、アメリカのアーチボールド・マクリーシュ*という詩人です。この人がきれいに仕上げて書いたんですが、ユネスコ総会のアメリカの代表団長としてきているんです。フルブライト*も参加してますしね。ユネスコの発足時に事務局長になったジュリアン・ハクスレーも完全な科学者、生物学者です。それを取り巻いていた執行委員会の委員は全部文化人です。フランス代表の一番最初の執行委員は、アルベール・カミュ*です。ユネスコの総会などの代表には、エチエンヌ・ジルソン*がいたり、ガブリエル・マルセル*がいたり。

＊マクリーシュ　Archibald MacLeish　一八九二―一九八二。アメリカの詩人、作家。

＊フルブライト　James W. Fulbright　一九〇五―九五。アメリカの政治家。研究者・学生の国際交流のための「フルブライト計画」の創始者。

＊カミュ　Albert Camus　一九一三―六〇。フランスの作家。主著『異邦人』ほか。一九五七年ノーベル文学賞。

＊ジルソン　Étienne Gilson　一八八四―一九七八。フランスの中世哲学史家、哲学者。主著『中世哲学の精神』他。

＊マルセル　Gabriel Marcel　フランスのカトリック思想家、人格主義哲学者。主著『形而上学的日記』他。

それがだんだん、いまのように政府代表である大使しかいないという形になっていくのはいつかというと、一九五四年という年です。それは何故か。一九五〇年代の初頭、朝鮮戦争がある。北は南が先にやったといい、南は北が侵略したといって、真偽のほどはわからないけれども、ふつうは北が侵略したと考えられます。いったん南は釜山まで追いつめられるが、ついに仁川上陸から巻き返しをして、アメリカ軍が戦ったと思われていますね。そうじゃないんです。板門店に翻っているのはアメリカ国旗ではなく、国連旗です。あれは国連軍なんです。国連軍だということは、今度のイラク攻撃と違って、安保理の決議を経ているということです。じゃあ、その時は何故そうなったのか。ソ連が、国連のありかたに不満を抱いて抜けていたんです。ソ連不在のところで決議しているんです。ですから国連軍になってしまった。

それ以来、ソ連は国連機関にどんどん入ってくるんです。五四年、つまり朝鮮戦争の一年後には、ユネスコ加盟を申しこんだ。その時にソ連は何をいったか。ユネスコでは西側による絶対多数が生まれていて、われわれが入っても多勢に無勢で、自動的に負けてしまう。だからわれわれソ連には三票ください、と。「そんなばかな」と思われるのはふつうなんです。しかし、本当に三票を得た。当時ソ連邦の一部だった白ロシア（現ベラルーシ）とウクライナを別の国として登録したんです。それでその衛星諸国とともに、西側の票との均等化をはかったわけです。その駆け引きがあったというのが、きわめて政治的じゃないですか。その駆け引きの相手をしたのは、ヨーロッパ諸国であり、またアメリカですからね。それでその時にアメリカが、執行委員会の委員は政府代表でなければいけないといったんです。それがユネスコの政治化なんです。だから、ユネスコが政治化したといってアメリカが脱退したのは八四年ですけれども、五四年にユネスコを文化人のフォーラムから完全に政治のフォーラムに変えたのはアメリカです。

◆「科学と文化の対話」で目指したこと

服部　私がユネスコ本部に職員として入ったのは一九七三年ですが、そういった開発援助の問題や、政府間機関としてはやむをえないことながら、全て政府の役人がユネスコの代表になっているという状況のなかで、私が着目したのは、知的協力委員会というユネスコの前身の姿に立ち返らなければいけないということです。それが「科学と文化の対話」シリーズを発足させた一つの大きな動機です。「知的協力がなければ本来のユネスコではない」ということを私は内部で主張しまして、幸いにもその意見が通りまして、これをやりました。シリーズの第一弾は、八六年にヴェニス（イタリア）で開いたヴェニス・シンポジウムなんですけれども、準備はその一年半ぐらい前からやっています。

ヴェニス・シンポジウムの時には、チニ財団というのをパートナーに選んで、サン・ジョルジオ・マジョーレ島にあるこの財団の建物の中でやったんです。場所は十六世紀の古い僧院の図書室の中で、ちょうど二十人ぐらいが円卓を囲むことができて、あと傍聴者が十数名座れるという配置のところなんですが、そこに英語、フランス語、イタリア語の三カ国語の同時通訳を入れました。じつは、その時、ヴェニス・サミット（一九八七年）が開かれた時、同じ場所が使われているんですが、私のほうがサミットよりも先に使ったんです。そういう雰囲気で、非常にすばらしい会議になった。その後、ヴェニス・シンポジウムが「ヴェニス宣言」を採択して、それが学界にすごい衝撃を広げた。それがあったので、その次をやらなければいけないといって、次はバンクーバーで。三年ごとにやったんです。八六年にヴェニス、八九年にバンクーバーで、これも「バンクーバー宣言」という重要な宣言がでています。そのことはこの『科学と文化の対話』（麗澤大学出版会）の解説にちょっと書いています。

鶴見　バンクーバーではどこでなさいましたか。

服部　ブリティッシュ・コロンビア大学（BCU）の中で、カナダのロイヤル・ソサエティの後援のもとにやりました。これもやはり、八九年の段階ですばらしい会議になりました。これが地球の生存の問題を語っております。「二十一世紀に向けての人類生存のアジェンダ（Agenda for Survival）」という題なものですから。ここですでに、現在もホットトピックスになっている宣言があります。

「地球の生存は、いまや人類の中心的、かつただちに解決すべき問題となっている。地球の現状は予断を許さないもので、科学、文化、経済、政治のすべての領域での迅速な行動と、全人類の意識の涵養を必要としている。われわれが知らねばならないのは、地上のあらゆる民族が共通の敵と一致して戦う必要があるということだ。その敵とは環境のバランスを崩す行為、また、われわれが未来世代に残すべき遺産を削減する行為である」。

これは「バンクーバー宣言」の冒頭の言葉です。ですからわれわれがいま注意を払って環境問題をやっているのは、八九年にこの「バンクーバー宣言」で述べていることなんです。

◆ベレンでの衝撃

服部　それから九二年にブラジルのベレンに行きます。この会議で鶴見先生に来ていただいたんです。

鶴見　呼んでいただいた時、どうして私が呼ばれたんだろうと思ったんだけれど……。

服部　あの「エコ‐エシックス（eco-ethics）」というテーマなら、鶴見和子先生をおいてほかにないだろうと思ったんです。

鶴見　あれはすごかったわね。あれはカオスよ。カオス委員会……。

服部　原始林の中でやったような感じでしたね。

鶴見　そうよ、古代の原始林で……。だって、こんなテーブルじゃないのよ。木造りのテーブルに木造りの椅子で、だれが議長でだれが何だかわからない、ワアワアワアワアワア、みんな勝手にしゃべるのね。

服部　それで会議の言語が英語だけになっちゃった。この会議は本当にカオティックで、私は鶴見先生に来ていただいて、ロジスティックな面では本当に申しわけないと思っています。

鶴見　いえいえ、おもしろかった。ああいう会議もありうるというので、すごくおもしろかった。

服部　これは私もああいうふうになるとは想像つかなかったんです。じつは私はそのころ、八五年に「シルクロード総合調査計画」というのを同時スタートしているんです。八八年から、八九年、九〇年、九一年というのが、そのピークだったんです。私はほかの本で書きましたけれども、船に乗りこんでやってますからね。それで、三年ごとに開くべき会議がブラジルの組織委員会任せになっちゃったんです。それで、そういう結果になってしまったかなと思って、いま反省しているんですけれども。

その代わり、私は非常に不思議な経験をしました。鶴見先生も気がつかれたかもしれませんけれど、ほかの用意周到な会議は、東京なんかそうなんですが、もうびしっと決まっている。JRのように動くわけです。

鶴見　そうよ。意外性がないから面白くない。

服部　ところが、ベレンに行きましたら、私、びっくりしちゃって、会場にたどりつくのも大変だったんですけれど、さて会場がない、じゃあ、ここでやろうといって、劇場の舞台の上に机を並べて、同時通訳なんてもちろんない。じゃあ、英語だけでやろう、と。

鶴見　フランス語と英語だった。

服部　いや、英語だけの会議でした。フランス語は同時通訳がいないから、どうしてもフランス語でしゃべる人の発言は、フランス語と英語と両方できる人が訳したわけです。私もやったし、ほかの人も。それからフォトコピーだってあやしいぐらいの会場でしたからね。

鶴見　何をやるというスケジュール表がないのよ。その日に何やるんだかわからないの。

服部　そうなんです。だからあの会議のおもしろさは、そうやって膝つき合わせたという会議になったということです。寄合のような。そうしたら、非常な親密感が生まれて、ぼくはびっくりしたんだけれども、結局これは、東京のような儀式張った会議よりもいいんじゃないかと思った。

鶴見　あんなのははじめてだった、私。おもしろいわよ、決めなくたって。

服部　それは人材がそろっておればね。そこで私は、初めて鶴見さんから南方熊楠のことを聞いたんです。あそこで柳田国男と南方熊楠と両方言われたんです。しかし、柳田はぼくも知ってますけれども、南方熊楠の話と、それからアニミズムの見直しを鶴見さんが説かれた。

鶴見　アニミズムが科学の基礎になりうるという……。

服部　それをベレンの膝つきあわせた会議でやったんです。ぼくはそれに非常に感銘を受けました。私が会議で感銘を受けたのは二つあるんです。一つは鶴見さんの発言。アニミズムというものが非常に重要なものだということを、ああいった科学者の会議で主張した。それからもう一つ感心したものは、アフリカ代表なんです。その人が、「われわれはまだ生まれていない子孫――アンボーン（un-born）という言葉を使ったんです――ともいっしょに暮らしている」といったんです。これはヨーロッパ、日本にはない発想です。日本で考えているのはせいぜい孫です。ところが、まだその先、まだその先……。

鶴見　それはクストー*の思想よ。

＊クストー　Jacques-Yves Cousteau　一九一一―九七。フランスの海洋探検家。本書四四―四六頁参照。

服部　それがクストーの宣言（後出）に入ってくるんですね。クストーのところにいくと、本当に私は感心することが多いんですけれども、もう一つ、ブラジルのアマゾン河口でのベレン会議で、鶴見さんに来ていただいて、それまでヴェニス会議でもバンクーバーでも出なかった言葉がはじめて出るんです。それは英語で「wholeness」という言葉です。これをだれかが「全体性」と訳したから、私はそれはだめだと。全体主義とかそういうものを連想するから。それで「全一性」と訳したんです。全にして一。

◆「ヴェニス宣言」と「東京からのメッセージ」

鶴見　『南方熊楠・一切智の夢』（朝日選書）という本を書いた方を知っていらっしゃる？松居竜五さん（龍谷大学国際文化学部助教授）といって、いま南方研究の代表です。「一切智」です。全部入る。

服部　そうなんです。だんだん南方曼荼羅に近づいていくんです（笑）。この「科学と文化の対話」は、最初からずっと考えてみると、南方曼荼羅のほうに行くんです。ヴェニス会議で、「いままで乖離していると考えられていた科学は、最先端において伝統と対話しうる」ということをいうんです。それがヴェニス会議のすごい宣言なんです。この「ヴェニス宣言」は、伝統（traditions）を、大文字のTで、しかも単数で書くんです（Tradition）。あとで考えてみると、それはすごいことです。それが今度、私が準備している「通底」のほうに行くんです。古代の智恵が洋の東西を問わず一致していたのではないか。

鶴見　東西じゃないのよ。東西南北。

服部　おっしゃるとおりです。東西南北すべてです。一切智なんです。その中に「通底」という言葉が使われている。ヴェニス会議で宣言を書いた人が、大文字の「the Tradition（伝統）」

と「the Science（科学）」の対話が可能である、とした。これはすごい指摘だったんです。いままで科学と伝統が乖離しているというのが、当然の認識だったんです。それが最先端の科学では、もうすでに古代のわれわれの先人たちが育んでいた智恵に出会っているということをいうんです。

それが鶴見さんに出ていただいた九五年の東京の国連大学のシンポジウムで確認されて、すばらしい「東京からのメッセージ」になるわけですけれども、そのなかでわれわれが一番注意したのは、量子物理学からの見地です。東京の場合には、量子物理学のカール・プリブラム*にも来てもらったし、それからヘンリー・スタップ*が来ましたね。やっぱりあの人はノイマン*の流れですよ。すごいことをいった人ですね。ふつうの世界ではすべての一番速いスピードは光なんです。ところがヘンリー・スタップは、素粒子間の交信が光よりも速く行われているということを理論的に確証したんです。ですからあのへんのところで、ついに量子物理学が仏教の世界にもすごく近づいていくんです。仏教の世界で、一つのつゆ草に宿る露の中に月光がさしていると、それが全世界を表しているというような……。あの思想にいくんです。私は「東京からのメッセージ」というのは重要なメッセージなので、できたら全文を再録してほしいと思っていますけれども……（本書末資料参照）。

＊プリブラム　Karl H. Pribram　一九一九―。アメリカの神経生理学者。主著『脳の言語』他。

＊スタップ　Henry Stapp　一九二八―。量子物理学者。
＊ノイマン　Johann Ludwig von Neumann　一九〇三―五七。ハンガリー生まれの数学者。主著『量子力学の数学的基礎』他。

鶴見　これは英語とフランス語と日本語で出ているわけですね。

服部　そうです。東京シンポジウムは一つの総括シンポジウムで、本当にすばらしい結論を出したということで、特筆されるべきものだと思います。

鶴見　あの時はクストーが出てきたからよかったのね。

服部　おっしゃるように、クストーが最重要の貢献をしましたね。私はクストーと一九八〇年代の中ごろからいろいろな交渉がありまして、とても親しかったんです。

鶴見　私は適切な人をキー・スピーカーに呼ばれたなと思って感動した。一九九七年に亡くなったでしょう。

服部　そうなんです。ところが一九九七年は、クストーが提唱していた「未来世代の権利」の決議が、ユネスコによって採択された年になるんです。これは非常に重要な決議ですが、ただ現在世代の未来世代への責任に関する宣言になっています。なぜならば、そういうときに欧米人の合理的な考え方では、未来世代はまだいないわけですから、その人が権利を持っているわけはないからと。

クストーは「未来世代の権利憲章（bill of right for future genaration）」という言葉を使っているんです。それをずっと前からやっていた。そして世界で何百万という署名を集めて、それを持っていたんです。それはひとえにエコロジーの立場ですけれども、未来世代が傷つかない地球を享受する権利をもっているというのが基本にあるんです。その時、クストーは「未来世代の権利委員会」というのをつくって、それでシラクさんがフランスにナショナル・コミッティをつくった。その議長はクストーです。クストーとシラクは親友です。ところが、ちょうど鶴見さんが出られた国連大学でのシンポジウムのあった九五年、その年頭にフランスがムルロア環礁で六回の核実験をやるじゃないですか。それに日本も抗議しましたけれど、実は第一に抗議したのがクストーなんです。すぐにテレビに出演して堂々とそれを批判した。それからもう一つは、国から任命されている職は全部辞めるといった。したがって、「未来世代の権利委員会」の議長を、核実験への抗議として辞めたんです。

それで九月にクストーが来た時に、その時のユネスコ事務総長、フェデリコ・マイヨール*さんも来ました。もちろんそれまでも、マイヨールとクストーは、私が引き合わせていますから、仲はよかったんです。私がその時に特別の朝食会を組みまして、そこでクストーがフェデリコ・マイヨールに、ナショナル・コミッティは辞めた、これから「未来世代の権利」のインターナショナル・コミッティをユネスコの中でつくってくれ、と頼むんです。それでマイヨールは本当につくる。それが東京で行われたことなんです。

＊マイヨール　Federico Mayor　一九三四―。スペインの生化学者。一九八七―九九年、ユネスコ事務局長。

それをどこにつくったかというと、科学局の「人とその生命圏（ＭＡＢ：Man and biosphere）」という部局なんです。ＭＡＢというのは、ユネスコ・プロジェクトの一部局としてあるんです。そこが準備して、この「未来世代の権利」宣言が九七年に採択されます。ですから、東京のシンポジウムとずっとつながっているんです。

それだけではない、クストーの発言の中で、鶴見さんも『環』20号で引いておられる、あの証言がある（本書「プロローグ」参照）。クストーは戦争中に、ドイツ軍に占領されていたフランスの海軍士官だった。その時にその海軍士官はぼんやりとしていないで、何をやっていたかというと「アクアラング」を開発するんです。水中探査装置、いまのスキューバダイビングの装置です。それを「アクアラング」と名づけて開発して、戦争が終わってすぐ海底の探索をはじめるわけです。それから七つの海をカリプソ号で回って、それから河川も調べ、八〇年代からは陸にも上がって生態系を調べ、百本以上の映画を制作します。そしてそれが世界に放映される。

クストーの名前は、例えば、アメリカでアメリカ人に聞くと、フランスの大統領の名前は知らないけれども、ジャック＝イヴ・クストーなら知っていると答えるような、そのぐらいの人なんですけれども、その人が東京でいったことは非常に重要です。「生態系の種の数の多いところは生態系が強い、種の数が減ると生態系はもろくなる」。「もろくなる（fragile）」という言葉を使ったんです。そのあとでもう一つ、クストーの証言で一番重要なのは、「その法則が文化にもあてはまる」といったことです。そこがすごいところなんです。これが私はあのシンポジウムの一つキーポイントであったと思っております。そのことが二〇〇一年にユネスコが採択した「文化の多様性に関する世界宣言」という、あの重要な世界宣言になっていくんです。

この宣言は、いろいろな人が「世界人権宣言」に継ぐ重要な宣言だと認識しているんです。この第一条に書いてあることで、その一部を引きますと、こういう言葉があります。

「交流、革新、創造性の源泉である文化の多様性（cultural-diversity）は、人類にとって生物界における生物多様性（bio-diversity）とまったく同様に必要なものである。そしてこの意味において、文化の多様性は人類の共有遺産であり、また現在および未来の世代の利益のために、認知され、主張されなければならない」。

これが第一条です。クストーの発信したメッセージがここに活かされている。ですから東京シンポジウムというのは、そういう流れで、こういう重要な宣言にまでつながってきているということです。

鶴見　そのメッセージを破っているのがアメリカのブッシュ大統領である、というのが私の考えなんです。

服部　現在のグローバリズムというものが、一つの価値が他のすべての価値を消し去っていくということだったら、この「文化の多様性に関する世界宣言」とまったく逆なんです。これは文化の画一化ということになって、世界は滅亡に至ると、私は思います。

鶴見　私もそう思っています。それに日本はなぜ与《くみ》するのか。日本は多様性の伝統をもっている、それが曼荼羅なの。それが私の結論。

服部　日本は多様性の伝統を持っているんですけれども、おそらく現在の政府はそれをよく知らないのと、外交的にオンチなのかもしれませんけれども、アメリカ一辺倒がちょっと過ぎてますよね。

鶴見　あんまり学問がないんですよ。文化も学問もない。

◆クストーの存在

鶴見　でも、あの時、クストーに来ていただいてよかったわね。

服部　よかったですね。主宰のほうは私がコーディネーターだけれど、国連大学と、外務省を入れました。それでキーノート・スピーカーに有名な人を呼びたいと。それでクストーの名前が挙がって、私が私信を書いて来てもらった。

鶴見 よくきてくれましたね。

服部 幸いに前から親しかったものだから。

鶴見 クストーが来たから、あの会議はあれだけすばらしいものになった。日本ではよく知られているらしいのよ。クストーってテレビにお出になりましたねって、いろんな人が知っていた。海底の探検をしたでしょう。だからたくさんの写真がある。海底の写真とともに探検家として知られている。

服部 エコロジストとしてよりも探検家というイメージが多いので、みんなまだゆがんだイメージしかもっていないんです。クストーは最初は確かに探検家だったんですけれども、それからだんだん実践をしながらほんとに学者になっていく。だから実学で学者になっていった人で、ほんとのエコロジストの地球環境学者というべきです。私はシルクロード総合調査をやった時に、水中考古学というので協力してもらおうと思って、モナコの海洋博物館長をやっていたクストーを訪ねるわけです。彼は即座にＯＫした。そして自分の副会長のジャック・コンスタンスを翌日すぐ私のユネスコのオフィスによこした。それでうまくいきそうだと思っていたら、その人が二年後に急死するんです。それでそれが頓挫しちゃう。だけど、クストー自身とはその後もずっと続いて、マイヨールさんが事務局長に当選した時に、二人仲よくしてくれということで、私はすぐさまクストーを呼んで昼食会をやりました。マイヨールはスペインの元文部大臣をやった人で、生物学者です。

私はジャカルタへ行った時も、モスクワに行った時も、クストーの映画をテレビで見るわけです。日本でなぜそれが、最初の『沈黙の世界』（一九五六年）だけで。『沈黙の世界』という映画は画期的な映画だったから、カンヌの映画祭のグランプリを取った。

鶴見 そう。だから皆さん知っている。

服部 しかも、アメリカのアカデミー賞（オスカー）を取ります。そういうことから知られているんだけれど、それに続く百本ぐらいの映画も、各国で上映されているのに日本ではそれが上映されなかったのはなぜだと思いますか。これが日本のメディアの特異性で、日本人が出てないからなんです。日本のテレビで成功するのは、シルクロードの調査の時にも感じたけれども、キャスターとか女優とかを連れてきて、それが視聴者に代わって感想を述べたりする。私はそのメディアの姿を非常に情けないと思っている。テレビは映像でもって勝負すべきであって、そこに日本人の俳優かなんかが行って、「ガンジス川の流れに悠揚たる時の流れを感じますね」なんていうことを言わなくてもいいんです。ルーヴルの映画をハイヴィジョンでつくって、私は出来はいいと思ったんです。しかし一つ一つの作品の前で、男優と女優が、これはすばらしいですねなんていっているんです。それはすばらしいかどうかは、視聴者が判断すればいい。そこが私は日本人が主体性を失っていく、変な国民になりつつあるところだと思いますよ。同じドキュメンタリーでも、ＢＢＣやナショナル・ジオグラフィックがつくっている映画には、そんなのは一切出てこない。つまり、日本では視聴者が自分で判断できないという前提があるんです。視聴者はその女優なり男優なりに感情移入して、代わりに感じてもらっているんですね。この人がすばらしいといっているからすばらしいという、こんな反応になってきて、自分自身の判断がないんです、日本人は（笑）。

◆ユネスコ憲章と日本国憲法

服部　自分自身で感じ判断するということがないと、いま日本人の反応はみんなテレビを通して間接的になっているんです。パリでも北京でも上海でもすぐにデモが起こるじゃないですか。日本では一切起こってませんよ。何も起こらない。テレビが報道している。バーチャル・リアリティだけで、みんなだんだん参加しない社会になっているんです。唯一やっているのはパソコンだけでしょう。チャットとかね。これは危険な状況が出現しているんじゃないですか。

鶴見　ほんとに危険よ。

服部　テレビが代行しているという感じでしょう。そのテレビがある時とんでもない政権にうまく利用されたらどうなるかというと、全部がそれに従うという恐ろしい事態が起るでしょう。もうすでにそういう状況ができつつあるんじゃないですか。

鶴見　いま、「九条の会」というのがあって、九条を守りましょうという会なんだけれど、私はもう死ぬと思ったから、二〇〇四年十月に京都で「最終講演」というのをした（『環』第20号収録）。これはNHK京都文化センターの主催でしたけれど、千人ぐらい入るホールがいっぱいだった。そこで私はもうじき消えてまいりますから、皆さまにお願いしたいことが二つあります。一つは九条を守ってください、もう一つは曼荼羅の智恵に学んでくださいといって、「九条」の話と曼荼羅の話をしたんです。そうしたら、いろんな手紙が来た。その中に、祇園でとてもすばらしい草履をつくっている草履屋さんのおかみさんが手紙をくれて、「時流に流されないようにするということをおっしゃったんですね」と。とてもうれしかったわよ。つまり、みんな戦争が嫌だという。ところが選挙になると、「九条」をやめてしまえといっている候補者と政党に投票する。それはなるほど時流に流されるということなんだなとはじめてわかった。なんだか怖いのね。時流に流されないように生きることが怖い。とても不思議よ。

服部　いまそういう改正のほうに動いていますね。それにも一理あるけれど、私はこう思うんです。あれはアメリカから押しつけられた憲法だというのは……。

鶴見　うそだっていうの。

服部　そんな憲法をアメリカ自身がもっていないんだから。あれにはこういうことがあると思うんです。夢をもっている人が自分のところでできなかったことを、この際、日本という国で実現しようという気概で、けっして日本を支配下におこうという考えでなしに、理想国家の憲法をつくったんです。それを日本との協議のもとにやっているんです。だからあの中には理想というものが盛られています。それをいちがいにアメリカが日本支配を続けるための憲法だなんてとる必要はないんです。

鶴見 これは人類の理想で、アメリカが押しつけたわけではない。

服部 日本国憲法とユネスコ憲章と、非常に似ているでしょう。ともに理想なんです。

鶴見 だから理想はもっと押し進めなければいけない。

服部 理想は掲げておかないと、そこに到達すべき目標がなくなるわけだから。

鶴見 戦争は嫌だなとみんな思っているのに、そこに投票するのがおもしろいね。私、「九条の会」に入っているし、「女性九条の会」にも入っているし、大変なのよ。だからいつでもクストーを使わせてもらっている。戦争は最大の公害で、最悪の地球破壊です。私たちは、いまの子供とこれから生まれてくる命を安全にすこやかに育てたい。そのために「九条」を守りましょう。だって「九条」に盛り込まれている不戦の思想は、第一次大戦の反省から当時のフランスの外務大臣ブリアンとアメリカの国務長官ケロッグが約束をして、それを世界に広めたものです。これは人類の理想なんですから、アメリカの押しつけではない。そして日本は第二次大戦でやったことの深い反省からこれを受けいれたんです、と。そういうふうにいうんだけれど。

服部 パリ不戦条約ですね。そういうところに理想を掲げる人がでるんですよ。現実がそれを押し戻すというけれど、理想はあくまでも掲げておかなきゃいけない。ユネスコ憲章と日本国憲法が非常に似てるというのは、それなんです。

「対話」の基盤としての言語

◆言語は船である

服部先生は「科学と文化の対話」を組織されてきたとのことですが、対話においては言葉が非常に大事ではないかと思います。ハタミさんが言われた言葉で「対話とは意識されたコミュニケーションである」とありますが（本書末資料参照）、言葉というのは世界で何千とあるのではないかと……。

服部　六千あったのが、現在すでに三千になったという話ですね。それだけ言葉も消されていって……。

私は言語の重要さというのは、ハタミさんが言われるとおりだと思います。言葉というのはたんに意思伝達の手段ではない。言語そのものが一つの文化なんです。ですからハタミさんは、一つ一つの言葉に認識論、存在論のすべてが入っているといっているんです。言語の重要さをハタミさんは述べていますけれども、私も非常にそこは耳をそばだてたところなんです。

九五年の東京シンポジウムで、やはり言葉の重要さを強調したのは、大江健三郎さんで、その時にミヒャエル・エンデの言葉を引いているんです。「テーバ（Tewa）という古いヘブライ語がある。それは『船』であると同時に『言葉』を意味する」というんです。船であり言葉である「テーバ」、これが「ノアの方舟」なんだといったんです。「ノアの方舟」というと、船を想像するだろうが、あれは言葉によって救われたということだというんです。これはおもしろい指摘であったわけですけれど、私も言葉の重要性というのはすごく意識しているし、例えば、英語なら英語だけが世界語であるような錯覚から母国語を軽んじてはいけない。日本語が消滅したら日本は消滅です、いかに人間がいても。

過去にすでに、征服者の侵略の一つのポリシーとして、言葉の政策があったんです。北アフリカや西アフリカで、いまもフランス語が使われているのはなぜですか。あれはフランスの文化政策なんです。フランスの教科書をそのまま持ちこんで、アフリカ人の教育をやった。そのツケがいま、どういった形で回ってきているかというと、「われわれの祖先、ガリア人は」といってフランス語で習った、マリやセネガルや北アフリカの人が、フランスへ不法移民で入っているんです。イギリスも当然それをやった。インドで英語を教えるということ自体が、われわれが彼らに与える最大の恩恵なんだと、イギリス人はまじめに考えていましたからね。

日本も、朝鮮半島で起こったことを反省しなければいけないとするならば、とくに日本語での教育があるとぼくは思います。朝鮮半島で日本語を義務化しました。もう一つは「創氏改名」をやった。これは人の魂を抜くようなものです。ですからそういうことを反省しなければいけない。

歴史認識の問題ですけれども、このハタミ大統領を囲む会議でもちゃんと歴史認識の話がでまして、すべての人が教科書の見直しをいいました。アメリカ代表もいっているんです。おもしろいですね。ぼくはアメリカ代表の発言を聞いていたら、「アメリカの教科書は外国の皆さんによって見直されるべきである」といったんです。だからユネスコに来ているアメリカ大使というのは、ちゃんとした人が来ているんです。ですから言葉の問題というのは、言葉による帝国主義というものが過去においてずっと行われて、それによって言語がこの一世紀のあいだに六千から三千に減っている。そのままでいくと、またその半分になるというような傾向にある時に、われわれがいうことは「テーバ」ですね。「言葉こそが船である」という、こういう考えで守らなければいけないだろうと思います。

◆意思疎通の出発点は身振りから

国家を越えた関係のときに、どういう言語でその意思を伝えあうのか。同じ言葉でしゃべっていても意思はなかなか伝わらないわけだし……。

鶴見 そうよ。言葉がしゃべれるから意思が疎通するわけではないのよ。

服部 英語だけではなかなかいかないです。ヨーロッパへ行きますと、もちろん、パリをはじめとして、スペインも、イタリアも、フランス語が入らなければだめですね。例えば、バレンシア会議という非常におもしろいシンポジウムがあったんですけれども、その時にイタリア人のウンベルト・エーコが基調報告を行った。何語でやったか。フランス語でやるんです。スペイン人参加者も多くがフランス語でしゃべったし、英語とフランス語と開催地のスペイン語の同時通訳が入っていたんです。私は英語とフランス語の両方でペーパーを用意していったんですけれども、会場を見ていると、英語でしゃべっている時には、三分の二ぐらいがイヤホンをつけて、同時通訳を聞いている。フランス語で発表があるときには、三分の一がイヤホンで聞いている。あとの人はいらない、直接フランス語がわかる。それで配分がわかったので、フランス語で発表したんです。

ユネスコの中の会議では、全然通訳が入らずに英語とフランス語が飛び交うんです。この二つの言語のあいだには通訳が入らない。しかし私は、私の学生やいろんな人に、何もその国でできなかったら日本語でしゃべりなさいというんです。あなたの表情と身振りとでちゃんと通じるんだから。言語は言霊ですから本当に通じるんです。それでそこにキーワードを一つつける。キーワードは一つだけ、英語なら英語、フランス語ならフランス語で入ればいいんです。それで意思疎通するから、それでやってごらんと、ぼくは学生にいうんです。たしかに言葉の問題というのは、非常に日本人にとってはきつい問題です。ですからこの十一月にパリでやろうとしているユネスコでの国際シンポジウムは、英語、フランス語に加え、日本語同時通訳ブースを国際交流基金に申し込んでいるんです。

━ ふつうの日本人だったら外国語をしゃべるとなると、英語にしてもフランス語にしても萎縮するわけです。

鶴見 通じないのよ、第一。しゃべっても通じないのよ。

服部 日本人はまじめだから、皆さんペーパーをつくっていくんです。だからそこまではまず通じるんです。ただその次に、相手がいったことがわからない。

鶴見 そうなの、ディスカッションができない。

服部 一番必要なのはディスカッションの時です。だから私は国際交流基金に、日本語の同時通訳ブースを入れてくださいといっているんです。鶴見先生みたいにアメリカでバリバリやってこられた方はだいたいいけると思いますし、私もいろんな会議に出ますと、英語は英語で聞いていますし、フランス語でしゃべる人のはフランス語で聞いています。それだけの訓練をユネスコで二十一年間やってきたから、全部自分で原語からノートにとります。しかし、一般の方にそれをいってもだめですね。いまの学生にそれをやれといってもそれは無理な話ですから。

私は、だいたいこれはと思う方を選んでやってきましたし、一応、私、スペイン語も聞くほうならだいだいいけますし、多少はしゃべりますけれども、英語とフランス語をやっていれば、ほとんど世界中行けるなという感じです。それであとスペイン語があれば、これで完結ですね。南米のほうがスペイン語ですから。

鶴見 イタリアは？

服部 イタリアは全然大丈夫です。まず北イタリアでは、ミラノを中心にフィレンツェまでフランス語が通じます。だからほとんど苦労しないのと、イタリア語はフランス語に非常によく似ています、ラテンファミリーですから。イタリア語のメニューを見て、私はすぐにわかっちゃうんです。イタリア語とフランス語は親戚みたいなもので、大阪弁と東京弁ぐらいの違いです。スペイン語もそうなんです。

鶴見 スペイン語はフランス語がわかればだいたいわかる。

服部　ラテンファミリーですから、同じようなものですね。ロシア語になるときついんですけれど、ただロシアは後進国でした。ドイツも後進国でしたね。これらは全部、西欧を向いていたんです。

鶴見　西欧を向いているというのは？

服部　「西欧」というのは、はっきりいいますとフランス、イギリスのことなんです。

◆シビリザシオンとクルトゥール

服部　西欧という意味で、オクシデント（Occident）という言葉があるでしょう。そこにドイツが入ってきたのはずいぶん後のことで、十九世紀からです。十九世紀の中ごろまでは、ドイツ人自身が、オクシデントというときは、フランスとイギリスのほうを向いていっているんです。西欧にあったのが、シビリゼイション（civilization）、フランス語ではシビリザシオン（civilisation）です。それがない国が急上昇して何をぶつけるかということで、クルトゥール（Kultur）というのをぶつける。クルトゥールは英語で言うカルチャー（culture）です。それをもってゲルマン民族の優秀性をとなえる。フランス語のシビリザシオン（文明）には、キュルチュール（culture）というのが中に入っている。ですからシビリザシオンという言葉を使っていれば、その中に文化はもう入っているという考え方です。ドイツはこの二つを分けていた。なぜかというと、シビリザシオンというのは西欧のものである、と。

鶴見 ああ、それでシビリゼーションとカルチャーを別にしていた。

服部 だからクルトゥールというのは「K」で書いているし、シビリザシオンは「C」で書いています。それはカントも書いているんです。カントの教育論で、発展していくと終りの方にクルトゥールというのが出てきて、もう一つ上位の段階にシビリザシオンというのがあるんです。ドイツ人は全部「K」で書くじゃないですか。フランス人は「C」なんです。ところが、クルトゥールのところが「K」で、それからもう一段上がったシビリザシオンの方が「C」なんです。カントにしてそうですからね。だからそのぐらいのコンプレックスをもっていたのがドイツ人です。ドイツが本当に発展するのは、じつは二十世紀といってもいいですね。本当に西欧に追いつき、西欧の一員となる。そのぐらいの違いがあったと思います。

ロシアもそうです。ロシアも後発ですね。ですから日本と非常に似た反応をしています。ロシアと日本の比較になると、また非常におもしろいけれども、後発国というのはみんな似ているんです。ドイツと日本が似ているもそれです。「クルトゥール」は、日本でいったら「大和魂」ですからね。「物質文明では負けているけれども、精神文明では負けていない」ということをいった時期がありますよね。ドイツの場合もあるんですけれども、日本もそれをやった。

◆国連公用語に現れた問題

鶴見　エスペラントというのは通用しないでしょう。

服部　エスペラントは、意図はよかったんだけれども、結局、世界語としては失敗しました。それだけ普及しなかったんです。私は意図だけは評価するけれども、普及しなかったのも当然だと思っているのは、エスペラントを見てみますと、結局、ヨーロッパ語なんです。ヨーロッパ語の集約で、ヨーロッパ語以外が入ってない。だからいかに普遍的言語をつくりだすといっても、例えば、日本語とか中国語は一切入ってない。

ただ、概念だけは日本語も入っているという人もいます。どこで入っているかというと、数詞に入っている。例えば、英語ならイレブン、トゥウェルブ、サーティーン、フォーティーン(eleven, twelve, thirteen, foruteen)、フランス語でもオンズ、ドゥズ、トゥレズ、カトゥルズ(onze, douze, treize, quatorze)となりますが、なんでそういうややこしいことをするんだと。そこのところを十進法でいったのがエスペラントの数詞なんです。日本語なら十一、十二、十三、十四と十進法でしょう。だからそういうところに日本式が入っているという人がいるんですけれども、それはほんのわずかのところで、語彙とか文の構造が、完全にヨーロッパ語の集約ですからね。それは世界語となるのはちょっとむずかしいのではないかと思います。

■ 対話のための言語がヨーロッパ言語ということであれば、英語圏やフランス語圏が絶対に有利ですね。

服部 そうなんですが、国連の公用語というのは六つあるんです。それは何かといいますと、英語、フランス語、スペイン語、そのあとがおもしろいですよ、ロシア語があって、中国語があって、アラビア語があるんです。なぜこの六カ国語が公用語なのかという問いが起こっている。つまり、「国連」といいますけれども、中国語名称の「聯合国組織」がそのまま表わしているように、これは第二次大戦中の連合国対枢軸国の、勝った方である連合国側の機関なんです。これを日本は「国際連合」と訳していて、United Nations だからそう訳せますけれども、中国に行きますと、同じものが「聯合国組織」と書いてあります。だから United Nations というのは、そういう意味だったわけです。アラビア語は十以上の国がしゃべるのでということで入れられたんです。それからスペイン語も十以上の国が公用語です。しかし、英、仏、ロシア、中国語は、安保理の常任理事国の言語です。英と米が重なっているから四つになっているわけです。常任理事国の言語、そういうことを考えるべきですよ。

だからいま提起された言語の問題というのは非常に重要で、ぼくがユネスコの中にいた時に、言語だけ会計を切り離そうといったんです。言語を増やすと、翻訳などでものすごく予算がかかるんです。ですから、言語に関する費用は別会計にして、受益者負担でやろう、と。例えば、アラビア語なら十カ国がそれを分け合えばいいし、日本語は一カ国でやるなら一カ国ですればいい。中国にもそうしてもらいましょうと。そういうことをいったんだけれども、全然通りません。連合国機関だから。

だけど、言語の問題を公平にもっていくというのは、ハタミさんがいっているジャスティスというのは、まさしく公平ということですが、その将来の公平というのを立てなければいけないですね。ぼくは国際交流基金に強調しようと思っているのは、日本のポリシーとしてもっと言語を重視しなさいということです。国際交流基金のいまの会計では、日本から重要な参加者がいると、その方の「通訳」という名目があるんです。通訳は交流基金に申請していいんです。しかし「同時通訳」はなくて、その通訳の欄を適用してくださいといっている。

いろんな大きな国際会議で、日本語が入っているということを、もっと他の人々が認識するようになればいいんです。日本語というのは重要な言葉だからキャビンに入っていると認識させて、だんだん広めていったほうがいい。国連でもやるべきです。今度、パリのユネスコでやりますけれども、ニューヨークの国連本部で日本語が入った会議をやってもいいしね。それを外務省も国際交流基金も一つの重要な文化政策の柱にしていくべきだと私は思っています。

■ そうすると国連は、第二次世界大戦をまだ引きずっていると。

服部　それ以来、次の大戦がまだないから、そのまま行ってるんですよ（笑）。

鶴見　次の大戦は大変だ。小泉首相が連合国に入ろうとしている。だからすごく大変よ。

服部　「もはや戦後ではない」ということを日本はいったけれども、「聯合国組織」は変わってないわけです。安保理改革なんていうことをいっているが、常任理事国にして下さいではなくて、もはや戦後の、勝った連合国の組織の段階は終わったのではないか、本当に洗いなおしてやりなおそうという発想でなければいけない。それではなくて、いまのところに入れてくれというのが……。

■ そうですね。中国がそれはおかしいんじゃないかと反対するということもわかりますね。

服部　戦勝国ですから。ドイツも入れなかったのはその意味ですから。

■ そういう場で服部先生が「科学と文化の対話」ということをやろうとされたのは、大変なことですね。

服部　東京シンポジウムの時は、もちろん、日本語の同時通訳を入れました。だから河合隼雄さんとか、皆さんに来ていただいた。西島安則先生は英語で完璧にできます、鶴見先生のように。それから中村雄二郎さんは、過去の会議は全部フランス語を自分で書いて発表しています。だけど日本語を入れなければ、そういう方に限られてくるんです。国連機関に勤める機会をもった人は数えるほどしかいないということもあるかもしれないけれど。それはこれからどんどん出てきてほしいと思っています。

しかし、鶴見先生は、ぼくはベレンで聞いていたけれど、ぼく以上です。何もないカオティックな会議で、原稿もなく、即席での話題がすごい。完璧な英語で全部に対応していらした。それがまず感心したところです。あと、そうやって国際舞台で活躍して、英語でもよくやっておられたのは加藤シヅエさんですね。加藤シヅエさんの英語はいいですよ。加藤シヅエさんは、やっぱり鶴見さんと同じファミリーから出ているからね（笑）。一つの優良種が鶴見家に生まれているんです。加藤シヅエさんも列国議会同盟なんていうところに行くと、ピカ一でしたね。ほかの男性議員はしょんぼりしているんです。

◆言葉を超えた対話は可能か

鶴見　ただ、言葉ができるからお互いに理解できるかということが問題なのね。ぺらぺらしゃべる人がほんとにお互いにわかるかということね。それを考えたのは、水俣病の人がカナダに行った、カナダのインディアンが水俣病になっているということを聞いて。その水俣病の人は水俣弁しかしゃべれない。ほかの言葉はわからない。川本輝夫という有名な水俣病の運動家です、自分も病気で。その人が行った居留地に私はその後で行ったんです。そして酋長の奥さんのところへ行って、いろいろ話した。そうしたら酋長の奥さんが、「ここへテルオが来て、こういうことをいった、ああいうことをいった」といったのよ。それで私、びっくりして、日本へ帰ってきて輝夫に会って、「あなた、英語でしゃべったの?」といったら、「ううん、水俣弁でしゃべった」って。

服部　それだ。

鶴見　私、ほんとにあれには驚いた。だから言葉がしゃべれる人がわかるか、言葉がしゃべれないからわからないのか、そこが問題なのよね。

服部　私もそれに似た経験があります。日本文化祭でアイヌのユーカラ座を紹介したんです。アイヌの青年たちなんですけれど、一番下町のパリの生活に溶けこむ。どんどんどんどん友人になっていくんですよ。それでアイヌの若い人々は、世界をひとり旅行して、みんな仲間をつくりながら行くんですね。これを見ていると、言葉を超えている。つまり言葉の問題を超克している。いまの水俣の例と同じなんですけれど、すばらしいんです。コミュニケーションというのは、言葉がぺらぺらできることだけじゃない、別のものがあると思う。

鶴見　それからもう一つ、私がいつでも引く例は、ベトナム戦争の時、私の弟（鶴見俊輔）たちが「ベ平連」というのをやった。それで脱走兵を助けた。その脱走兵の一人を私のところに泊めた。そしたら、その人がこういうことをいった。自分はヴェトナムで手柄を立てて勲章をもらったと。戦争で自分の上官が倒れたので、その上官を担いで米軍の陣地に帰ろうと思って歩いていたら、ベトコンがやってきた。至近距離で、すぐ撃たれて殺されると。そう思ってそのベトコンを見たら、そのベトコンも自分を見た。それで自分が黒人であることがそのベトコンはわかった。だからそのベトコンは急に向こうを向いて行ってしまった。それで自分は助かった。だからふたたび彼らを殺すことはできないといって脱走した。その話を私にしてくれた時、すごく感動したの。だって、彼は英語しかしゃべれないでしょう。向こうはヴェトナム語しかしゃべれないでしょう。会話なんかない。顔を見ただけ。それで万事わかったのよ。

服部　心が通じるということがコミュニケーションなのですね。

鶴見　そうなの。だから言葉にあんまりこだわりすぎないで、言いたいことを伝えるにはどうしたらいいかを考える。人間はジェスチャーができる。体のコミュニケーションができるだろうし、いろいろやり方があると思うけれども……。

服部　その人の全人格が出るんですよ。その人のコミュニケーションができるかどうかは、その人の全人的な問題で、言葉だけの問題ではない。文化大使として、私が尊敬しているのは、亡くなった裏千家の千登三子[*]さんなんかは、和服で……。

＊千登三子　一九三三―一九九九。裏千家第十五代家元千宗室（現・千玄室）夫人。

鶴見　あの方は語学ができるんでしょう。

服部　できますけれども、それ以上に本当にパリジャンがみんな感動するんですよ。クリオンホテルにいたんですけれども、マダム・センはというと、みんなが、いまここにいる、いまはここにいると、全従業員が知っているぐらい。日本の価値を高めてくれたのです。存在感のある人が一番いいですね。そうすると通じるんですよ、コミュニケーションが。

鶴見　水俣で国際会議をやったの。少数民族がうんと集まって、そこで浜元二徳《つぎのり》さんという水俣病の患者が、全体の司会をしてしゃべった。そうしたらみんな聞いていて、そこへ行ったら、「ジャナカシャバ」っていう。「ジャナカシャバ」ってみんながいうから、水俣弁が世界語になったねといったの。「ジャナカシャバックロイ」というのは「こんなんじゃない世の中をつくろう」という言葉で、みんな水俣弁をしゃべりはじめた。おもしろかったわよ。これは国際会議に通用はしないけれども、極限状況で伝えるためには、そういうこともありうるのね。

言葉の問題をどうしたらいいか。それは言葉は学ぶことが必要だ。これだけは絶対にそうだと思う。学ばなければほんとのコミュニケーションはできない。でも学んだだけで通じると思ってはいけない。心が通じるのは言葉だけではないのだという、そこまでいくことが必要だと思う。

服部　そう、おっしゃるとおりです。
鶴見　ただ、言葉を飛び越えて通じるというのは、いまいったような、限界状況においてのみ可能なのね。そうでない場合は、やっぱり言葉が必要なんだと私は思う。

◆漢字によるコミュニケーション

服部　自分の知らない言語でも、一言でもその国の言葉をはさむということで、相手は非常によく見てくれますよ。やっぱり相手の文化への敬意ですものね。相手の文化への最大の敬意は相手の言葉で「ありがとう」をいうことなんです。それを心掛けていてね。だからタイに行くと「カッコンカップ」というんです。これは男性がいう「ありがとう」なんです。それを女性がいうとだめで、女性は「カックンカー」になるんです。インドネシアへ行くと「テレマカシー」と。そういうふうに全部覚えるのは、じつはそんなにむずかしいことではない。だからぼくはある会合で二十四カ国語でやりました、「ありがとう」だけ。しかし、それはちょっとした注意だけでできることです。「ダンケシェーン」、「メルシボクー」、「サンキュー」、「グラシアス」、「グラツェ」、こんなのはおそらく数日もかからない、一日もかからない、一時間でできることです、だれでも。だからそれを努力してやるかどうかの問題だけで、みんな努力しないだけの話なんです。

鶴見　こういうふうに年を取って、半身不随になると、私がどうやらしゃべれるのは英語と中国語しかないんです。だから一生懸命、何かいうときに、英語でいったらどう、中国語でいったらどう、フランス語はあんまりできないけれど、一応、フランス語でいったらどう、ドイツ語は全然しゃべれない。だから三カ国語ぐらいで、頭の中でいってみるの。そうやってどうにかして言葉を覚えておこうという努力ぐらいしているの。

服部　中国語の構造は全然、日本語と違うから、こっちのほうがむずかしいんです。

鶴見　でも、中国語はあんまり似た言葉を知らないから、フランス語より発音がいいってほめられるの。ただ、むずかしいのは、スーション（四声）なの。スーションを、あなたはちゃんと気をつけなさいって、いつでも言われる。むずかしいわよ。だって、一語一語の言葉を字引をひいていたら大変でしょう。だから名前は一応、字引を引いて、この人に会うと決めたら、その人のスーションを覚えて、ちゃんと言えるようにするの。その程度にしかできないわね。

服部　中国語でむずかしいのは、例えば、「マ」というでしょう。私は「マ」という。「お母さん」というのが「マ」なんです。だけど、四声の、われわれにとって聞き取れないような差が「馬」になるわけです。「お母さん」と「馬」ではずいぶん違う。それが同じ「マ」だから、これがむずかしい。私が「マ」といったら、「馬」になってしまったから、それでこれはだめだと。ほんとに中国語はお手上げだということになったんです。

鶴見 スーションが一番むずかしいの。

服部 そうね。四声が一番むずかしくて、それでどんどん変わるでしょう。それから学術論文で一番困るのは、中国語がアルファベットで出てくる時なんです。これは全然思い出せない。だからあそこだけは漢字を入れてほしいんです、漢字文明だから。欧米語の本では、読んでる時に昔の中国人の名前がぼんぼん出てくる。それが一度、じつは変わっているんです。中国のピンインという書き方に変えたでしょう、いまから二十年ぐらい前に。

鶴見 それを覚えるのが大変。昔の字を書いたらだめなの。

服部 敦煌というのは、昔はTを使ったスペルで書いてあったのが、いまは「ドゥンファン」というDになって、その後が合っていればいいけれど、それも全部違うんです。そういうのがいっぱい出てきて、これがむずかしい。

鶴見 そして略字にするとき、日本の略字と中国は違うの。同じにすればいいのに、だめなの。

服部 日本よりももっと略しちゃっているんです、極端に。

鶴見 違う言葉みたいになっている。

服部 あのへんを統一させるだけでも、ずいぶんみんな助かるんですけれどね。ぼくはまず二カ国間で教科書の相互検定をやるということからはじめて、漢字の問題にもいくべきだろうと思うんです。いま、台湾が旧漢字を使っているじゃないですか。中国人にとってもむちゃくちゃにむずかしい。それをどうかしようという動きがあるんです。中国の本土のほうは、極めて簡略……、いま台湾の旧漢字と、一番簡略化された中国漢字、日本はちょうどその中間ぐらいですから、台湾は日本式に歩みよってくれて、中国もこっちに歩みよってくれるといいんですけれどね。なかなかいまの政治情勢ではやってくれませんね。電気の「電」も、竜の下だけになるんです（电）。日本のほうはまだ上の雨冠があるじゃないですか。それがないんです。これは非常にむずかしい。覚えればいいと言われればそれまでだけれども、べつの言葉を覚えるような感じになってる。

鶴見　そうなの。べつの言葉になっちゃう、漢字がね。

服部　それでも想い出しますが、中国の田舎で、汽車が止まっちゃったんです。その時にホームに出て、何を聞いてもわからない。そこでついに私は筆談でやりました。紙をもちだして、「何故火車（「汽車」の中国語）は止まっているか」と。それでいろいろわかってきた。すると向こうは閉まってた食堂車を開けてくれて、お前はどこから来たかということからはじめて、やりだしたら、回りに人だかりなんです。それでぼくは、閉まっていたレストランを開けてくれといって、みんなにマオタイを一つおごって、それから二時間ぐらい筆談をやったんです。

おもしろいですよ。やっぱり漢字文明で通じるのはそこだけだからね。なんとか書いていくんですね。

鶴見　そうよ。だから看板なんか見てもすぐわかる。だからその点はいいですね。

■韓国ではハングルばかりですね。

服部　あれはわざとやって、日本からの独立を誇示したのだと思います。中国文化圏からの独立も誇示するためにハングルだけで表示するということにしたんです。その現象は、同じような運命にあったアルジェリアにも見られます。アルジェリアはフランスの植民地で、日本の朝鮮支配よりもっと長いです。八十年植民地だった。日本の場合は三十五年です。だけど、一九六〇年に独立戦争をやるでしょう。で、やっとその独立を勝ち取った時、全部の町からフランス語を消したんです。私がそこへ行ったら、アラビア語しか書いてないんです、町の名前も全部。困っちゃった。モロッコへ行っても、チュニジアへ行っても、二重書きなんです。アラビア語と、下にローマ文字で書いたフランス語風の町名が全部出ているんですが、アルジェリアは全部消したんです。わざとアラビア語だけの表示しかないんです。何かいうと、「おまえはアルジェリアにいるんだ、アラブ語をしゃべれ」なんて高圧的にいうんです。韓国がやったのも同じリアクションですね。日本から独立して、その時に日本語めいたものを全部消した。わざとハングルだけを出した。だから私は、そのころいったんですけれど、これでは不便じゃないのかといっても、不便じゃないといってました。ところが最後、ソウル大学へ行って、そこで学長だったか副学長だったから、ソウル大学の歴史を聞いたんです。その時ですが、壁掛けで図版を出してきたんです。そしたらそれが漢字だった、大学の中は漢字もＯＫなんですね。それを街では見せない。そういう依怙地になっているところがある。だって、日本の鉄道でも二ヶ国語で書いているんです、小さいからみんな気がついていないけれど、全部、ローマ字を入れていますから。

◆英語偏重の弊害

服部　「多言語教育のすすめ」という文章を、ぼくは雑誌『世界』に書いたんです。外国語教育は一カ国語でいっているんじゃだめだと。英語だけやろうとしているから、むしろ英語も覚えない。中学校の時代から選択制であれば、自分が選んだ言語だからやるわけです。ヨーロッパの国は、いま中学一年生の段階で二カ国の外国語をやっています。ヨーロッパの国が全部ですよ。ですから日本の語学教育がだめなのは、英語だけでやっているのが一つの最大の欠陥なんです。これを修正しなくてはいけないと思っています。

鶴見　そう思います。私は自分の人生に何も悔いることがない。生まれ変わったら一つだけ改めたいと思っているのは、フランス語ができないこと。どうしてかというと、二カ国語をやらなければアメリカの大学でPh. Dを取れない。だからドイツ語とフランス語をやらなきゃだめなんです。だから学びましたけれども、本は少しは読めますけどしゃべることはできない。アテネ・フランセで、中級のフランス語の教科書を読んだときのフランス人の先生との問答はつぎのようでした。

　先生「あなたは何語を読みましたか。」

　私「フランス語を読みました。」

　先生「いいえ、あなたは英語を読みました。」

服部　それは英語のアクセントが入っちゃうんですよ。

鶴見　だから日本語からすぐフランス語へいった人はよくできる。それで私はこれはだめだと思って、上智に行ってから、上智の神父さんでフランス語を教えている方に個人教授をお願いした。そして教えていただいた。その方が定年退職なさってから、お会いしたら、「あんたにフランス語を教えて、私はよかった。いまアメリカ人にフランス語を教えて、あんたに教えた経験を生かして教えている」って。私はフランス語がアメリカ語になっちゃうんです。絶望的です。

服部　一見、英語とフランス語は似ているでしょう。同じ語彙が多いし……。そうすると、どうしても英語がよくできる人に限ってその発音が出ちゃうんです。本来、フランス語の発音というのはむしろ日本語に近いんです。だから英語を経由しない方がいいんです。ラテン語系の言葉は全部そうです。だからそれを複数やるべきだというのが私の意見なんです。ヨーロッパの国では少なくとも自国語プラス二カ国語をやっているので、日本だけ遅れていてはいけないんじゃないかと思いますね。

鶴見　私もそう思います。女子学習院（鶴見の母校）は選択制だった。それで私はフランス語を選択するといったら、だめだと言われた。どうしてかというと、「私のクラスではあなた一人しかフランス語を取らないから、あなた一人のためにフランス人の先生を雇うことはできません」と言われた。それで私の母はへこまされて、英語をやったから、ばかなことをしたな、と。今度生まれかわったら、絶対に子供の時からフランス語をやる。そうしないと世界が狭くなる。私、ほんとにそう思った。国連大学の研究プロジェクトをやっているときに会議をやるでしょう。フランス語ができないと半分ぐらいわからない。

服部　一つ言えるのは、これは鈴木大拙*さんも言っているんですけれど、英語では語彙が足りなくて表現できないと。あれだけ英語ができる人がやっても表現できない。それが不思議なことに、フランス語だとかなりいけるんです。漢詩とか俳句とか、それからこういういろんな微妙な言い回しがフランス語ならかなりいけるんだけれども、英語では表現できないというのがあるんです。とくにアメリカ英語はちょっと粗いから。

＊鈴木大拙　一八七〇―一九六六。仏教哲学者。一九四九年文化勲章。『鈴木大拙全集』他。

鶴見　それだけじゃなくて、世界の人口を考えると、半分ぐらい私は通用しなくなる。

服部　そうですね。私はそこで、ハンチントン＊自身が引いてる統計を出したんです。「英語が通じる人々（English speaking people）」は、ハンチントン自身が引いているアメリカの統計で、世界人口の七パーセントですよ。その中に、なんと驚くべきことにアメリカもイギリスも入っているんです。それを入れて、なおかつ七パーセントなんです。だからそこをみんな誤解しているかもしれません。誤解があんまりひどいから、外国の人は日本へ来れば英語が通じると思っているんです。日本で英語が通じる人は百人に一人でしょうね（笑）。外国人は、日本に来たらスペイン語やフランス語は通じないけれど、英語は通じるだろうと街頭でしゃべってみる。ところが、一切通じない。それでびっくりしちゃって途方に暮れるというのが多いんです。ところがある統計では、日本は「English speaking country（英語の通じる国）」に入っているんです。第一外国語でみんなが中学・高校の六年間やっているからしゃべれるはずだと。

＊ハンチントン　Samuel P. Huntington　一九二七―。アメリカの政治学者。主著『文明の衝突』他。

鶴見　日本の語学教育は全然だめなんです。しゃべり言葉が全然入ってない。

服部　だからそういうことで統計がゆがんでしまいまして、「英語が通じる人々」には、インドも全員入ります。パキスタンもフィリピンも、日本も韓国も、全部が入るんです。そういうことをやっているから、その統計では四〇パーセントにいっちゃうんです。それはみんなその統計で、日本でも百人に一人しかいないし、インド人は全員しゃべるかというと、けっしてそんなことはない。ぼくはインドの奥地へ行きましたけれど、通じません。それからフィリピンは通じるか。もちろんマニラでは通じる。しかし、田舎の方に行ったらタガログ語しか通じない。それが現実ですよ。それを全部、人口ごとにこの国は第一外国語で英語必修でやっているから、日本の場合は準必修でやっているから「イングリッシュ・スピーキング」に入れている統計が多いんです。そうじゃなしに、本当にしゃべる人の統計をハンチントン自身が使っているんです。で、ぼくはその数字を引いている。そうすると七パーセント。

鶴見　通じないということがはっきりわかったのは、私が国連大学の仕事をした時です。というのは、それはインテレクチュアルなミーティングでしょう。それだからなんだけれども、それはその土地へ、現地へ行ったら、もっとひどいですよ。半分どころじゃない、それこそ七パーセントでしょうね。だから世界を狭くしてるのよ、私は。

服部　いや、鶴見さんは、七パーセントのイングリッシュ・スピーキング・ピープルの中でも秀れた世界中の人に会われたわけで、やっぱりトップの人々に会われているから……。

鶴見　それだけしか通用しないのね。

服部　まあ……。しかしそれは、それもやらない人が多いから（笑）。やっぱり鶴見先生のなさった業績はすごいですよ。英文で発表されているのも多いわけで。この『科学と文化の対話』に収録した論文は、もちろん藤原書店から日本語で出版されていますが、これは英語、フランス語でまず出ていて、それがパッとユネスコのドキュメントとして世界にいってます。これはやっぱり発信になってますね。

だから私は、二〇〇六年七月には世界の比較文明学会をパリでやろうとしているんですが、そこに日本語のキャビンを入れようと。言葉の問題をないがしろにしてたら日本の文化政策はだめです。言葉の問題というのは、本当に言葉が道具であると考えている人のまちがった先入観があるんです。言葉そのものは命であり文化です。だからそのように思ったら、言葉を大切にして、どうしても日本語のキャビンを入れる。それをぜひぼくはやりたいと思っています。

◆アラビア語とラテン語

鶴見　イスラーム圏でやっていらっしゃる会議は、言葉は何語でなさるんですか。

服部　テヘランでは英語だけでやりました。向こうの方は通訳が入って、アラビア語とペルシャ語が両方入っていました。

鶴見　通訳が入るとずいぶんやりにくくなるでしょう。

服部　彼らは同時通訳で聞いているんです。われわれが英語で発表するのを、アラビア語とペルシャ語で聞いているんです。

鶴見　だけど、言葉の微妙ないろんなニュアンスがあるでしょう。そういうことがむずかしいですね。

服部　ぼくは、通訳が入っちゃうと、キャッチできるのは本当は三分の二だろうと思っています。でも、これはやむをえないですね。ユネスコで行われたハタミ大統領を囲むシンポジウムの場合は、ハタミさんは自分のペルシャ語でしゃべりました。ほかの人は英語ないしフランス語でしゃべりましたから、私の場合は直接聞いてノートを取ったんですけれど。しかし、ハタミさんはすごく立派なテクストを用意してきて、事前に通訳キャビンに渡してあるんです。フランス語がとくに完璧でした。それをハタミさんの助手がフランス語キャビンに入っていて読み上げていくから、それは三分の二じゃなしに九五パーセントは完璧に伝わっていると思います。

鶴見　アラビア語を日本でも教えなければいけないですね。

服部　それはやってますよ。板垣雄三*先生とか、私の大学（麗澤大学）でも伊東俊太郎先生は大学院でアラビア語をもっているんです。伊東俊太郎先生は十五カ国語やったんです。だから今年はアラビア語にする、今年はギリシャ語、ラテン語はもちろん、ヘブライ語まで出てくるし……。すごい先生がいるものですね、日本にも。私もだいぶ語学をやったほうですけれど、伊東先生にはかなわないですね。ぼくは七カ国ですよ。

＊板垣雄三　一九三一—。中東・イスラーム研究者。東京大学名誉教授。主著『歴史の現在と地域学』他。

＊伊東俊太郎　一九三〇—。科学史・比較文明学者。麗澤大学教授、東京大学名誉教授。主著『文明における科学』他。

鶴見　でも、七カ国じゃ大変だわ。七カ国というと、英、独、仏……。

服部　英、独、仏、ラテン、ギリシャ、スペイン、漢文も入れて七カ国語。

鶴見　そうよ、中国語。ラテン、ギリシャまではアメリカの大学でも、ハーヴァードなんかラテン語ができないと、BS（Bachelor of Science 理学士）になるのね、BA（Bachelor of Arts 文学士）にならない。

服部　ラテン、ギリシャというのは、イギリスのケンブリッジ、オクスフォードは完璧でしたものね。

鶴見　哲学をやるのにラテン、ギリシャをやらなきゃだめですものね。

服部　われわれの時はそれはもう義務化でした。私のいた大学（京大哲学科）では全員がやっていた。高田三郎先生というのがいまして、そのころ、すごい権威なんです。ギリシャ語のほうも強いけれど、ラテン語ではおそらくトマス・アクィナス研究では第一人者でしたから、私はその人の最後の院生だったんですけれど、助手に使われまして、『神学大全』の日本語版を出すというのを手伝いました。いまはだめですけれど、そのころはトマス・アクィナスの本なら辞書なしで読めました。

鶴見　すごいわねえ。

服部　なぜならリングァ・フランカ（lingua franca 学術共通語）だからです。パリ大学（ソルボンヌ）は神学校ですからね。そこで使っていたリングァ・フランカでしょう。リングァ・フランカはじつはやさしいんです。

鶴見　やさしい？

服部　やさしいラテン語なんです。修辞法（レトリック）をあまり使ってないんです。ボキャブラリーは完璧にでてくるんですけれど、レトリックを使わない。ところが、アウグスチヌスの『神の国』とか『告白』、あれはむずかしいラテン語です。ものすごく修辞法がでてきて……。だからアウグスチヌスはラテン語では辞書なしでは読めませんでした。ところが、トマスはすらっと読めた。そのあたりまではいったんです、いったんは。今はだめです。後で生き残ったのはフランス語と英語しかない。ドイツ語もやりましたけれど……。

鶴見　だって、いまラテン語はしゃべらないでしょう。しゃべらないから忘れちゃうわね。

服部　しゃべらないんですけれども、ラテン語でミサなんかはやっていたんです。

鶴見　前はね。いまはやめたけれどね。

服部　私はミサの言葉を、あるところのセミナーで引いたんです。そうしたら前に座ってたイギリスの紳士が、「すばらしいけれど、ちょっとここのAとEが違う」といって……（笑）。それでどこの出身ですかといったら、オクスフォードといって。さすがに叩きこまれてきた人で、びっくりしました。そうやって叩きこんできたのがイギリスの教育でしたからね。われわれとはきっとレベルが違うんでしょう。

◆アラブ世界をつなぐコーランの言葉

服部　ハタミさんが言う「対話の文化」、これは新しい文化で、私は非常に共鳴したんです。いままでユネスコの出した言葉としては、二〇〇〇年の「平和の文化」があります。それから「文明間の対話」、これは私が最初に一九八五年の自分のプロジェクトで使った言葉で、それがハタミさんによって二〇〇一年の「文明間の対話国際年」にまでなるわけです。ですからこれはもう定着している言葉ですけれども、それに今度はハタミさんが、「対話の文化」という使い方をしたんです。文化というのは精神のあり方でしょう。ですから「対話の文化」の構築というものを、自分の生涯の残された人生の仕事にしたいとハタミさんはいったわけです。

鶴見　とくにアラビア語ってむずかしいでしょう。しゃべる人はほんとに少ないでしょう、アラビアの地域以外で。

服部　ところが、アラビア語というのはコーランの言葉でしょう。ですからモロッコ、アルジェリア、チュニジア、リビア、エジプト、それからずっとアラビア半島の先まで、みんな同じ言葉がしゃべれるんです。コーランのお蔭でアラビア語が現状を維持している。

鶴見　コーランは古語ではなくて、生きてる言葉なんですか。

服部　生きているんです。つまり書き言葉の基礎になったんです。だから方言はいっぱいあるんですけれど、書き言葉になると、急にあのコーランの言葉になるんです。

鶴見　しゃべり言葉は？

服部　しゃべり言葉はアラビア半島のアラビア語と、モロッコ・アルジェリア・チュニジアといったマグレブのアラビア語では、ちょっと、広東語と北京語ぐらいの違いがあります。

鶴見　通じることは通じるんですね。

服部　通じるけれど、彼らが連帯感をもちえないのは、言語的差にあると私は見ています。マグレブの人とアラビア半島のアラブ人は、本当の連帯感をもちえないんです。もうすでに別の人種だと思っているんです。だからそれがどういうところからきてるのかなと思うと、やはり言葉の違いだろうと。ところが、書き言葉でコーランというのは、厳然としてありますから。

鶴見　ああ、読むことはできるということですね。

服部　アラビア語というのはすばらしい響きをもった言葉なんです。私がアラビア語で非常に感心するのはアザーンです。朝のお祈りへの呼びかけがあるじゃないですか。日に五回呼びかけます。コーランの呼びかけがミナレットという塔の上からなされるのが、すばらしい響きをもってますね。

鶴見　音楽的なのね。

服部　ええ、まるで音楽なんです。このあいだ、テヘランで会議があったんですけれども、会議の冒頭にコーランの詠唱がある。それがまた朗々とすばらしいんです。聞きほれちゃうんです。だからコーランというのはそのためにあるんですね。ほとんどの人は文盲でしたもの。

鶴見　だから歌を歌うようにしてしゃべるわけね。

服部　しゃべるんです。そこにリズムがあるんです。日本でいうと、アイヌのユーカラみたいなものですね。だから口承伝統でずっとやっていた。ユーカラを語るエカシが炉端をコンコンと打ちながら語るんですけれども、完璧にそのリズムを保っています。千何百年続いてきたということは、音が伝えたんです。ですからアイヌの人々にもユーカラの物語で、意味がわからないのもあるんです。しかし、それを何かまちがえるとリズムが続かないから、ずっと朗誦してきたのがユーカラで、それを金田一先生が絶滅寸前で書き留めたのがアイヌ語辞典ですね。だから絶滅寸前のトキを研究したようなものですね。現在、純粋のアイヌ語を語れる人はおそらく一人もいなくなった、考えの全体を全部アイヌ語でできる人が。しかし、ユーカラはこの音の世界があるかぎり続いていける。

◆言語の根幹は音である

服部　語学教育のほんとに大きな欠陥は、言語は音だということをほんとに……。

鶴見　響きだということを忘れてね。

服部　言語は音なんです。これは犬養道子さんもどこかで書いていたけれど。その音の中にリズムがある、響きがあるでしょう。それをキャッチしていくのが……。だからぼくも『世界』に書いた時に、語学教育は音からはじめなければだめなんだと。それを文法からはじめているから逆転しているんだと。人類が約六百万年生きてきたなかで、文字が出てきたのはせいぜい五千年です。文法に至ってはいまから約百年ちょっとですよ。こんなごく最近出てきたものからはじめるのは……。人類は六百万年、音だけで生きてきた。だから赤ちゃんが生まれてきて、言語を習得していく、あの順序でいかなければいけない。ヘッケルの有名な定理が生きているわけです。「個体発生は系統発生をくり返す」と。これはすごい定理じゃないですか。現にそういうふうに生物は生きている。だから言語の習得も、人類発生からをたどればいいんです。赤ちゃんが生まれたとき、音が空間に満ちているんです。それを聞きながら育ってくる。そのなかに一つの音が反復されてくる。それがママとか、意味があるとわかってくる、それではじめてその音をお母さんと結びつけるわけです。

鶴見 それでママがマンマといっしょにくるから、食べ物といっしょになるから、一番身近なんだわ。

服部 赤ちゃんの頭の中で、音に法則があるというのがわかってくるんです。それのくり返しを、だから人類の発生以来の学習を、ずっと赤ちゃんが一年ぐらいで凝縮してくり返しているんです。それから話すというのがあって、読むと書くというのはずっと後にくるんです。

鶴見 それを読むことからはじめるから、後々まで読むばっかり……。

服部 だからぼくはよく学生にいったんですけれど、日本人は英語ができるかとか、フランス語ができるかといって聞いているけれど、それをその国の言葉でどういうんですか。「Can you」なんて言いません。「Do you speak English」です。ドイツ語だったら、「シュプレッヘン・ジ・ドイチュ」、これはやはり「話す」なんです。フランス語でも「パレ・ヴ・フランセ」、「話す」なんです。全部「話す」が先で、それがフランス語ができることなんです。だから何が一番重要かというのはわかるじゃないですか。そちらのほうをないがしろにして、読む読むでやってきたのが、日本の特殊な語学教育で、その元凶は漢文にあるというのが、私の意見です。素読の世界といいますか、江戸時代には寺子屋で『論語』なんかを教えていたけれども、あれは書き直した大和言葉ですよ。あれが日本人の外国語を進歩させない一つの原因なんです。つまり『論語』を読みながら日本語にしちゃう。しかも、それは日本語として格調の高い言葉になったので、その響きでそれを素読しているわけです。そうすると、門前の小僧のようにお経みたいに習っちゃうんです。つまり、漢文はある意味で成功するわけですよ。

鶴見　返り点でね。

服部　返り点だけでね。それでほんとは中国語なのに、日本語として読んでしまう。それがある程度、成功するじゃないですか。それで英語が入ってきた時も、それと同じことをやっちゃったんです。「I have a dog」なんていうのがあると、返り点を打っているんです、無意識の中で。返り点で読んでいる。そういうふうに自然に漢文で英語も読むというのをやっちゃったものだから、このさまなんです。全然、だれもしゃべれない。

鶴見　だから明治時代に、「ファーザー・マーザー・アサクサ・ゴー、イート・スキヤキ・トゥー・メン・ビフォー」だって。それが英語だと思ったんですって（笑）。大学入試にも非常に罪がありますね。文法だけが重視されて……。

服部　でも、ほんとに完全にしゃべれる人に会うと、読み書きでもわかりますよ。文法まで全部、音で入りますからね。

鶴見　私が幸せだったのは、家に英語をしゃべる人たちがしょっちゅう出入りしてたこと。お客が来ると子供を必ず紹介するの。そうすると英語が先に耳から入っちゃった。うちの父にはフランス人のお友だちがいなかったみたい（笑）。フランス語が耳から入らなかった。だからだめなの。

服部　なるほど、わかりますよ。

鶴見　だれが来ても、「ハウドゥードゥー」というの。私は「How do you do」って言えないから、「ハウドゥードゥー」っていって手を出すから、向こうがびっくりするのよ。イギリスの新聞王ノースクリフが日本に来たときに、今日は呼んでもらえると思ってたのに呼んでくれないから、怒って、あいつが出てきたら「ハウドゥードゥー」っていってやろうと思って、見てたらね。それで私、一目散に駆けていって、「ハウドゥードゥー」っていったらびっくりして、「日本に来て、はじめてシャイでない女の人に会いました」って（笑）。

服部　何歳ぐらいの時？

鶴見　私が三歳ぐらいだから、小さいのが来て、手を出したからほんとにびっくりしたらしい。だからそういう状態で入ってきたのよ、耳に。だからなんでも「ハウドゥードゥー」ですませちゃうの（笑）。

服部　それはいい。

鶴見　私、津田英学塾を卒業してからすぐ最初に行ったヴァッサー大学という大学は、その伝でやったの。まだ津田を卒業する前に、ヴァッサー大学で世界青年大会があって、そこへ行った時に「あんたは来年どうするの」って松岡洋子さんがいった。日本では大学に女は入れなかった。「私、アメリカへ行きたいんだけれどな」と応えた。「それじゃあ、あそこに学長の家があるから、行って頼んでみたら」っていった。「じゃあ、行ってくるわ」って行って、トントンと叩いたら大きな男が出てきて、「How do you do」って手を出したら、向こうがびっくりして、「あんたは何だ」というから、「私は日本から来た女の子だけれど、来年は津田英学塾を卒業するから、この大学に来たい」といった。「そうか。それじゃあ」っていって学長に通してくれて、「じゃあ、津田英学塾からリコメンデーション（推薦状）をもらえ」っていったから、それで送ってもらったら、奨学資金をつけて入学を許すって。それがはじまりよ。だからほんとになんでも「ハウドゥードゥー」でいこうって決めたの（笑）。

服部　それは「叩けよ、さらば開かれん」でしょう。

鶴見　だけどフランス語ができないから、フランスへ行ったらだめなの。

◆日本語が日本人をつくる

服部　言葉を音として教えることを、いまやっているのはどこか。それはイスラーム諸国のマドラッサ（神学校）なんです。私はマドラッサを訪問したり、いろんな町の資料館に行ってだんだんわかったんです。コーランを説明してるんじゃない。素読なんです。

鶴見　「教育勅語」みたい……。

服部　「教育勅語」みたいにやるんです。ところが、コーランのほうがもっと長いんです。それを素読でやってて、五、六歳の子供から十歳ぐらいの子供に、覚えないと鞭《むち》で叩くんです。足を縛り上げて、逆さ吊りにして、足の裏を叩くなんていう、すごい刑があるんです。叩きこむというのは、あれだと思った。ほんとに足を叩いているんだから。それでもって音がダーッと身体に入っていく。それを何百回、何千回とやっていると、じつはその中身も伝わってきちゃう。マホメッドの真意はこうですというのをやっているのは大学の講義であって、マドラッサは講義ではない。そういうことがわかって、これがすごいイスラームの教育法で、キーポイントを突いていると思った。というのは、言葉の響きがそのまま伝わってくるやり方で、その響きのなかに言葉の命がある。

鶴見さんが倒れられたのは、かなり後に私は知ったんです。国連大学の東京のシンポジウムのすぐ後じゃないですか。ぼくはびっくりしちゃって、それからしばらくして、歌の本を出されましたね（『歌集回生』藤原書店）。それを見て感動したんです。そんな時に一般の人ならもう半身不随だから落ちこむでしょう。ところが、最初に出てくるのが歌なんですね。だからこれは響きなんですよ。

鶴見　そうなの。

服部　響きですよ。ここに載せられているいろんなお歌の……。

鶴見　佐佐木幸綱さんが、「歌はリズムではない、響きである」、そういうことをはっきりおっしゃっている。歌の響き説というのを出していらっしゃるんです。確かに響きです。

服部　それが新しい生命を引き出す。

鶴見　生命と同じ。生命の響きなの。

服部　ですからそれが歌になって泉のように湧いてくると思ったんです。

鶴見　そうなの。どんどんそれが体の中から湧きだす。

服部　私はそこが一番感動したところなんです。そういう歌になっている。

鶴見　ほんとに歌の三十一文字に合っていないんだけれども、響きとして出てくるんです。

服部　それからそこに現れる一種の、私にとってはこれこそがほんとの悟りだと思うような

歌があります。私もこうなりたいと思っている歌は、

おもむろに自然に近くなりゆくを老いとはいわじ涅槃とぞいわん

まさしく、もうこの心境なんです。

鶴見　ほんとにそういう感じなのよ。

服部　だからこれは私の聖書です。この歌一つで聖書ですよ。

鶴見　私、うかがいたいのは、アラブ諸国で「科学と文化の対話」のようなことをやっていらして、通底するという、それをお感じになりますか。イスラーム圏でも同じように通底するか。イスラームとの対話は、やはりテーマは「科学と文化」ですか。

服部　いや、もっと広いんですけれど、まずこういうことを感じますね。いま、コーランの詠唱のお話をしたんですけれども、やはり日本語も響きであると。その点で、私、別のところに書いたことがあります。一つの人種がそのまま日本列島で日本民族というのをつくったのではなしに、南洋系からシベリア系から大陸系から、いろんなものが交じりあって集まってきたのが、いつのまにか日本人というものになっていくんですけれども、それをつくったのは何かというのは、やはり言葉であると。その基本ができたのは大和言葉だろうと思うんです。大和

言葉というのがその響きをもった言葉なんです。リズムと響きがある。それが日本人を形成していると。

私があげた例では、パリで森有正氏が日本人と日本文化について講演したんですが、あの人はフランス語でしゃべりましたよ、ものすごいフランス語の達人ですから。しかし、聞いてて非常に感動したのは、森有正が、その中で「日本人とは日本語をしゃべる人間のことである」といったんです。それ以外の定義はないという。パスポートとか出生地じゃない。それを聞いて、会場がどよめいたわけですけれども、私はこれは言いえて妙だと思いました。しかも日本語をしゃべるというのは、第二外国語ではない、日本語で考える人間なんです。大和言葉というのを基調にしたその響きがある日本語で、ブレインができている人間を日本人というと、彼はその場で語ったんですけれど、私はそこまで言い切ったことに非常に感心しました。

そういうことでいいますと、まずイスラーム諸国ですが、大半がアラブ語をしゃべる人々です。英語に「アラビティ」という言葉はないと思うけれども、フランス語には「アラビテ(Arabité)」、アラブ性という言葉がある。そこでみんながまとまっているなと思うのは、やっぱり言葉でまとまっているんです。

宗教と多様性

◆「循環」に到達したチュニジアの詩人

服部　イスラームの文化が日本文化と通底するところは、「タウヒード」という言葉があって、これは板垣雄三先生とか片倉もとこ先生がよく引く言葉なんですけれども、それはイスラームのキーワードであると。それはいろんな言葉で訳せます。「多様性の中の統一（unity in the diversity）」というふうにも訳しうるし、「政教不分離」とも「聖俗の一致」とも訳せますし、それからもう一つ踏みこんで、板垣さんは「多即一」と訳したんです。ここまで思い切って訳せるかなと思いますが。そうなりますと、まさしく日本じゃないですか。日本の聖俗の一致ということに関しても、どうでしょうか。例えば、キリスト教でも仏教でも、出家するでしょう。出家と在家とに境目がある。

鶴見　仏教にはありますね。聖俗一致はさとりですよ。

服部　聖俗一致というのは、のちにプロテスタントには見られますが、カトリックにはない。つまりキリスト教の伝統じゃないんです。仏教も日本に入る前は出家だったわけです。釈迦の集団も出家です。そしてキリスト教の場合も、やはり出家です。修道院に入り、司祭になる。そこに境目がありますね。それに対して日本の、例えば神道はどうでしょうか。ないですよ。これは全員が氏子です。

鶴見　だけど、死ぬと神になって祭られる。

服部　だから人間が神と直結しているじゃないですか。神道の神官は出家とはいえない。それから氏子までずっと連続性がありますね。イスラームもそうなんです。ですから例えば、ハタミさんは聖職者といってもいいけれど、イスラームには出家がないんです。全部、在家なんです。したがって、在家という言葉もなくて、その中でよく勉強した人、精神的に優れた人が、上のほうの宗教者会議というようなものをつくっている。けれども、その間に連続性があって、出家・在家の境がない。

鶴見　ああ、結界がないんだ。

服部　結界がないんですよ。これは重要なことだと思いませんか。

鶴見　そうよ、とても重要ですね。仏教は結界をいう。

服部　結界がある。もうひとつ、イスラームと通じると私が感じたのは、チュニジアのサハラ砂漠の中にドゥズールという町がありまして、そこで生まれた詩人でシェビ（Chebbi）という人がいるのを、この十二月にはじめて知ったんです。シェビは心臓病をもっていた。ほんとに若くして詩を書きだして、二十五歳で死ぬんです。あの象徴主義の天才詩人アルチュール・ランボーみたいなものです。ランボーは十歳ぐらいから詩を書きだして、二十歳で詩をやめていますから。

それでフランス語でシェビの詩を読んでみたんです。そうしたら、これはびっくりした。「volonté de vivre（生きる意志）」というのがあるんです。その詩が一番有名なんですけれど、まず、「人民が生きることを意志するとき、運命もそれに応えなければいけない」というところからはじまる。そのシェビの長い詩を読んでいたら、自分は病におかされていて、死を予感しているわけです。ところが、秋の描写、すべてが枯れていくという描写があって、その後に「しかし、種が残る」というのがあるんです。そしてそれが「芽をふき、ふたたびすべてがはじまる」。これはじつはイスラームのコーランにない教えなんです。コーランでは、死せばパラダイスに逝ってしまって帰らない。これは直線的なんです。ヘブライスムの流れは全部直線にあるんです。

鶴見　そうですか。キリスト教もそうなの。

服部　キリスト教も同じ。基本的にヘブライスムの教えているのは直線の思想で、最期はパラダイスに逝くんです。

鶴見　そうよ。だから仏教と違う。

服部　仏教は輪廻してますね。ところが、シェビにおいて、生命のおおいなる循環がでてくる。それがチュニジアの、二十五歳で死んだ詩人ですよ。しかもそれが例外といって否定されるのではない。いまチュニジアが国家的詩人として選んだのは、その人なんだから。だから紙幣にも載っているし、街角にその像も立っている。そうなりますと、案外、通じるところがあるのかと思いますね。そういった、コーランを超越するような詩人も現れるんです。ところが、そのシェビは実際にマドラッサ（神学校）の教えしか受けてない。その人が自らの内省によって、そういう境地に至った。病弱ですから窓から見ているんですけれども、そのなかで自然の摂理に行き着くわけです。ですからそういう世界もあるなと思って、この十二月ですけれども、そういう北アフリカの国も見直しました。

◆直線の時間に基づく宗教

鶴見　そういう詩人が自然をみて、その摂理をいった。それはすごくよくわかります。ただ、会議に出てくる人は、詩人もいるかもしれないけれども、だいたい学者でしょう。学者のあいだの会議では、どうでしょう。

服部　このあいだのテヘランの学者のあいだの会議でも、こういうことで日本人が抗議したのを聞きました。私に代わって言ってくれたんですけれども、引用がすべてコーランというような発表もあるんです。そうなると、これはあまりにも狭すぎて対話にならないじゃないかということになるんです。ほかの学者で、いろんなヨーロッパの哲学者とか神学者を引いた人もいましたけれども、大半の学者がコーランしか引かないというのは、その教育を受けてきたんですね。ですからそこは問題がまだある。

一昨年に東京の帝国ホテルであった会議の時には、私は、ここに集まっている皆さんは日本をよく見てほしいと。日本も百年前はイスラーム圏のことを何も知らなかった、イスラームを「剣とコーラン」なんて書いているヨーロッパの教科書だけを読んで、イスラームを見ていた。しかしながら、イスラーム学はいまは確立されました、いまやっている研究の程度はかなり高い。そこでイスラーム諸国でも、ぜひ日本学の講座をつくってください、といったんです。日本学ができていったら、ほんとうの対話が可能になると、そういうことを申し上げたことがありますけれども、日本のこと、それから例えば、儒教や仏教のことを、あまりにも知らないというところが現状ですね。しかし、ハタミさんは、このあいだの四月の会議で日本の俳諧を入れてますから。

鶴見　へえー。どうやって勉強していらっしゃるのかしら。

服部　いやあ、これはすごかったですね。最初に引いたのが仏陀でした。仏陀のほほえみ、慈悲ということからはじまって、それからイエス、モーゼは当然ながら――イスラームでもモーゼですからね――、ゾロアスター、ピタゴラス、と……。ここに書いたのは、ハタミさんが引いた人の半分ぐらいの人しか引いてないですけれど。

鶴見　ピタゴラスはギリシャだけれど、ゾロアスターはどこですか。

服部　ゾロアスターは出身がイランですね。イスラームは紀元後七世紀、ゾロアスターという人が生まれたのは紀元前六世紀。それがじつは六世紀じゃなしに紀元前九世紀だったという説が最近多いんです。ですからゾロアスターの「善悪二元論」というものが、旧約聖書の中にそうとう入ってきているという可能性はありますね。アケメネス朝ペルシャのころに、ゾロアスター教が国教になり、中近東を席巻するわけですから、この影響はものすごく大きい。ゾロアスターはキリスト教にも影響してますし、ゾロアスターの系統のマニ教というのが、これは明らかにアウグスチヌスに入っています。アウグスチヌスはキリスト教に改宗する前マニ教徒だったんです。アウグスチヌスはカルタゴの司教になる。

例えば、『神の国（De Civitate Dei）』、「国」といっても「神の都市」です。都市国家ですよ、そのイメージは。私は神の国がずっと未来に実現してくると思っていたんです。ところが、フランスのマントンというところにある古いお城にソルボンヌのころの私の友人がいまして、彼が呼んでくれた時に、書棚からそれを持ってきたんです。十五世紀に書かれた手書き本で、羊皮紙に書いてあるすばらしい本。それを見たら、“De Civitate Dei” と書いてある。私はラテン語をやってきましたから、その “De Civitate Dei” を京都大学で実際にラテン語で読んでいたんですが、その手書き本を見たら、それに挿絵がある。これは日本にはない。その挿絵に書いてあったのは丸いお城なんです。で、こっちにまた丸い円城がありまして、このお城とこのお城の住民が矢を射ながら戦っている、こっちの住民とこっちの住民が。これは何だと。こちらが神の国、こちらが悪魔の国、そういうイメージなんです。

それがどういうところから出てきたのかときかれると、ゾロアスターに帰着するわけです。ですから、アウグスチヌスがマニ教徒であったということがそこに出ている。善と悪が戦いながら行く。最後に神が勝って神の国になる。そういう発想で時間が流れていきます。こういう流れが実際にはキリスト教の中にある。一直線に時が進むということでは、ユダヤ教もキリスト教もイスラームも同じ構図をもっている。その中にゾロアスターが入っている。ゾロアスターも一直線なんです、教えが。

◆直線の論理と「曼荼羅の思想」

鶴見 そうすると論理学はどうでしょうか。直線の論理というのは、アリストテレスの形式論理学だけで割り切るという、そういう論理学と、仏教は循環の論理でしょう、だから直線じゃないですね。論理学が違うと思うんです。だから使っている論理が違う文化と文化との対話がどうなるかということ。

服部 それは可能なんです。なぜなら、私がやっていた「科学と文化の対話」の中の一つで、大きなセミナー以外にいろんな研究会がもたれます。その一つで、フランス在住のバズラブ・ニコレスキューという理論物理学者がいます。ルーマニア出身ですから、イスラームとは関係ない。ところが、その人が、排中律じゃだめなんだと。それはほんとのリアリティ（真実）を把握する論理ではないと。

鶴見 いまはそうなっている。

服部　だからフランス語で排中律を「チエルス・エクスクリュー」という。英語だと「excluded middle」。ところが、「チエルス・エクスクリュー」ではなしに、「チエルス・アンクリュー」、包中律（included middle）というのがあるというんです。それで考えていくと、リアリティにいくつかの次元があると。それぞれがリアリティだということをいって、だから私は、その発表は非常に評価しました。これも「科学と文化の対話」だと思ったのは、それを発表したのが理論物理学者だから。

鶴見　ザデー*の「ambiguity（あいまいの論理）」というのは、Aと非Aのあいだにたくさんある。Aと非Aはあいだがないというのがアリストテレス。上智大学の柳瀬睦男神父様*も、ザデーの「あいまいの論理」を評価していらっしゃる。

*ザデー　Lotfy Zadeh　一九二一―。数学者。ファジー理論を提唱。
*柳瀬睦男　一九二二―。理論物理学者。元・上智大学学長、同名誉教授。

服部　あいまいの論理というか、包中律、それを文化の人ではなしに、理論物理学からいったのがおもしろい。

鶴見　そうなの。柳瀬さんも理論物理学者。

服部　理論物理学の貢献は「文明間の対話」にも非常に大きい。

鶴見　そう。ヘンリー・スタップもそうだし。

服部　ヘンリー・スタップは「全体が部分に現れ、部分が全体に現れる」という言い方をしたのですが、「東京からのメッセージ」を主に執筆したのは――あとで全員に諮りましたけれど、その前に原稿を書いたのは――、ヘンリー・スタップとカール・プリブラムなんです。彼らの考えはここが一番おもしろい。『部分』の中に全体が包含され、『部分』が全体に分散されているという認識」。それを私は言いなおして、「全は個に、個は全に遍照する」と書き直したんです。その考えが量子物理学から出てくるんです。

鶴見　それもおもしろいね。

服部　これはまさしく曼荼羅です。

鶴見　そう、曼荼羅なの。

服部　だから問題は、結界と言われましたね。これはやはり聖の世界です。ここにじつは問題があるんです。それに対して南方《みなかた》曼荼羅は結界じゃないんだよと。

鶴見　そうよ、結界を解いた。

服部　解いて、これは存在そのものになった。

鶴見　だから頼富本宏先生は「開かれた曼荼羅」といわれた（頼富本宏・鶴見和子『曼荼羅の思想』藤原書店、参照）。

服部　ですからその面では南方曼荼羅のほうがはるかにすぐれた曼荼羅だとぼくは思う。

鶴見　曼荼羅の専門家にそういうお墨付きをいただいたから、私はひどくうれしい。

服部　そうでしょう。結界といえば、これはエデンの園も結界ですよ。

鶴見　あ、ほんとね。

服部　結界は壁で囲まれた世界なんです。じつは英語でいうパラダイスは、元来はペルシャにあった庭なんです。ところが、その庭には壁がある。で、これをラテン語でホルトゥス（Hortus）というんです。ホルトゥスというのは囲われた庭です。必ず壁がありまして、中に泉があり、いろいろな樹木が生えている。それはじつは果樹園です。これがエデンの園で、それをみんなめざしていて、イスラームの人の死後赴く天国も、まさしくそういったオアシスです。それでこのあいだ初めて私は、オアシスというのも壁に囲まれているというのを学んだんです。オアシスもじつは壁に囲まれていて、エデンの園も壁に囲まれていた。だからこそ、アダムとイヴの追放というのが可能だったんです。

鶴見　そうね。破門が考えられる。

服部　破門というのは、本当に門を出ていく。神様はアダムとイヴが帰らないように、そこにケルビームという炎の剣をもった天使をおくわけです。それがあの旧約聖書の描写です。ですからやはり門があったんです。だから破門なんです。それがエデンの園でしょう。そのイメージでずっときているところに、じつは問題があるんだ。そうするとその外の人はどうなりますか。

◆ボロブドゥールに描かれた世界像

服部　だから南方曼荼羅がそういう開かれた曼荼羅であるのと同時に、ぼくは注目すべきはボロブドゥールだと思う。中央ジャワにある大乗仏教の遺跡でボロブドゥールというすごい遺跡がある。それはじつは羯磨《かつま》曼荼羅なんです、立体曼荼羅。それで全部の曼荼羅が六層の方形と三層の円壇でなっている。全部が仏教の数字の九なんです。それでなぜそれに私が着目するかというと、ボロブドゥールの基壇に、その結界の外の世界である畜生界が、欲望界が描かれている。カーマダーツというんです。その上に修復用の基壇を付けたから、いまは一部だけ見られるようになっている。補強した基壇がありますから、その欲望界が見えなくなっているんです。それから、上の方形壇のところがルーパダーツといって、色界……。

鶴見　色は物質界。

服部　そうです。色即是空の色です。そして一番最後の円形壇にいきますと、アルパダーツ、無色界なんです。それで、中央に大きな塔がありまして、その中は「空」なんです。この立体曼荼羅は、本来の大光明神、毘盧遮那仏《びるしゃなぶつ》の本義をあますところなく伝えた曼荼羅であろうと思います。恵果和尚からもらった両界曼荼羅というものを、空海が持って帰りましたね。これは胎蔵界と金剛界ですばらしいですよ。二つの別々のお経が入ってきた。

鶴見 そう。金剛頂経と大日経。

服部 ところが、ご存じだと思いますが、それは別々のお経で別々の人が訳している。空海の師匠の恵果は何をやったのかというと、その全然違うお経を対概念でくっつけたんです。あれは中国の特技ですよ。すべてを対概念で考える。日月とか、陰陽とか、男女とか、これをやるのは中国風なんです。金剛界というのが精神界、胎蔵界が物質の原理、「理」と「事」と分けた。そういうことになっていますけれども、ボロブドゥールの構造というのは胎蔵界であろうと、当然、皆が思うわけです。だけど、私は胎蔵界だけではないということに気がついた。これはぼくの写真ですけれど、ボロブドゥールです。これを上から見たところがこれで、横からだとこうです。この形は胎蔵界なんです。で、最後が円になっていますね。これは円形壇です。ところが、じつは方形壇の四面に並んでいる仏を分析するとその仏の配置は金剛界なんです。

鶴見 ああ、だから一つのものにまとめたのね。

服部 ボロブドゥールで金剛界と胎蔵界を一つにしている。しかも基壇に欲望界を描くことによって、その結界を解いている。すばらしいですよ、これは。

ボロブドゥール全景

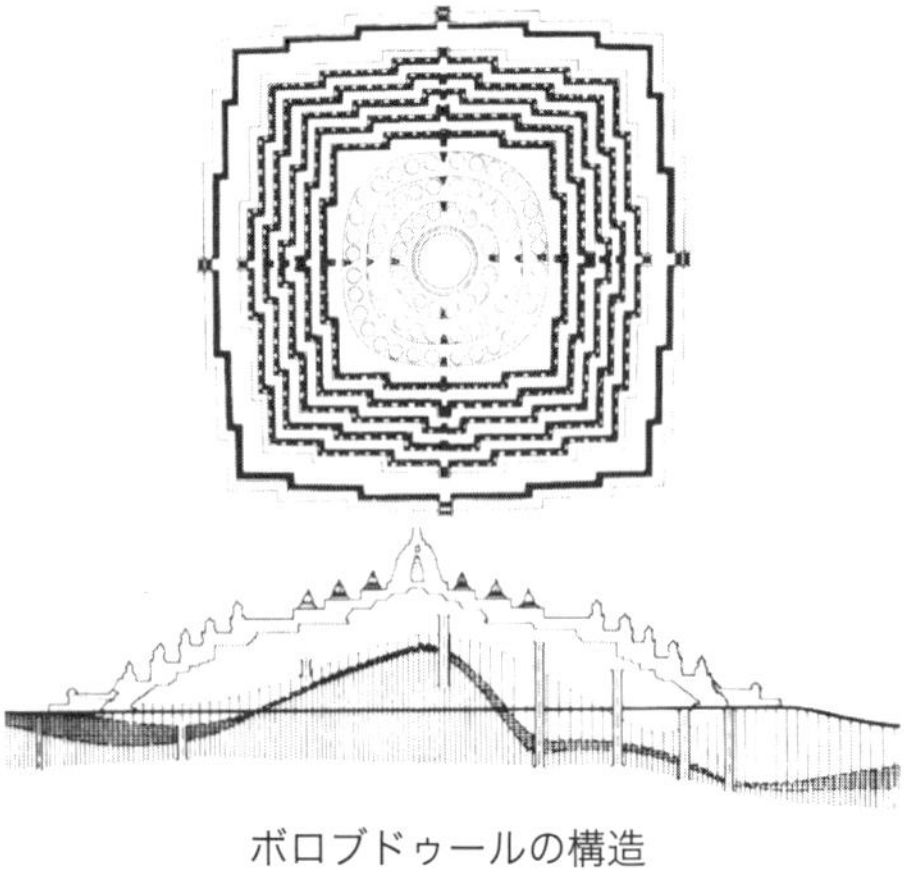

ボロブドゥールの構造

（ともに服部英二『文明間の対話』より）

◆インドネシアの宗教的寛容

服部 ボロブドゥールというのは、じつはインドネシアが最初にユネスコに救済を依頼してきた遺跡、文化財なんです。まだ「世界遺産」というのができる前に、いわゆる危機に瀕する文化財の救済ということで……。国際キャンペーンで募金をして修復する。つまりアブ・シンベルの神殿と同じやり方で、国際協力でやった。アブ・シンベルの次がボロブドゥールなんです。ところが、よく考えてほしいのは、インドネシアという国は世界最大のイスラーム国だということです。

鶴見 そう、アジアのイスラーム国。

服部 ところが、その国が最初にユネスコに救済を依頼したのは仏教遺跡。そこにアジア人のもっている宗教的な寛容が出ているんですね。イスラームもはるばるとアラビア半島のかなたからインドネシアまでやってくる。しかし、それがジャワに着いたのは案外遅くて、十五世紀です。入れたんですけれども、インドネシアの人々の心にあるのは、日本人と同じ心情なんです。結局、すべてを受けいれていく。

鶴見 くっつけちゃうのね。

服部　イスラームも入れたけれど、本来もっているアニミズムも棄てていない。それで禊《みそぎ》も棄てていない。インドネシアの人はほんとに禊をするんです。朝晩、小川で。禊というのが、日本ではお風呂の習慣になっちゃう。こんなにたくさんお風呂に入る民族はないじゃないですか。だがインドネシアの人が小川でやっていることを、浴場でやっているにすぎない。そのインドネシアの人々が、最初にこの救済をユネスコに頼みました。そしてその起工式がおもしろい。これは私がユネスコに入るもっと前、七〇年ぐらいです。ボロブドゥールの見える、丘の平らになったところで式典があったんですけれども、そこになんと穴を掘って、犠牲に捧げた牛の頭を、生贄を埋めているんです。それはシャーマニスムの儀式です。それをイスラーム国がちゃんとやっている。しかも最後、復旧が完成した時に、スハルト大統領とそのころのユネスコのムボウ事務局長が行って、そこで完成式典があったんですけれども、私もそこにいました。そうしたら、ちょうどその上に演壇が建っているんです。式典はコーランの詠唱からはじまる。大統領とユネスコの事務局長が、みんなボロブドゥールの意義を述べて、国際協力で救済された意義を述べて、式典が行われたんですけれども、そこにシャーマニスムの牛が埋まっているというのは、あまり知られてないんです。私はそれをNHKの記録映画で見てますからね。

鶴見　神仏混淆だ。

服部　だいたいボロブドゥールというところは、ジョグジャカルタから行くんですけれども、まずヒンドゥー教がありました。そこに八世紀のなかば大乗仏教が入ってくる。その後、それを造ったシャイレーンドラ王朝は、何らかの理由で完全に完成しない前に中央ジャワを離れる。そうするとその後にやってきたのは、ふたたびヒンドゥー教徒なんです。未完成だったこの寺院を完成させたのはヒンドゥー教徒です。それで、現在、イスラーム化した人々がボロブドゥールを直している。労働者たちの九九パーセントはイスラーム教徒ですからね。それが大乗仏教の寺を直した。それがインドネシアなんです。すばらしいじゃないですか。

◆ボロブドゥールと空海との接点

服部　私は、アジアからのメッセージとして、中東で宗教を盾に戦っている人にこういうところを知ってほしいと思う。しかもそれが、結界じゃなしに開かれた曼荼羅であるということです。というのは、欲望界を書いた曼荼羅であるということになりますと、それは空海の『十住心論』の言葉で「異生羝羊心《いしょうていようしん》」というところに当るんですね。それがいわゆるカーマダーッ、欲望界なんです。そしてずっと上がっていって、そして最後に天台と華厳にいって、真言でしょう。真言が究極なんです。

ところで、ボロブドゥールは実際に真言の寺なんです。それをぼくは検証しました。論文に書いたんですけれど、真言の寺であるという証拠がある。だからこの曼荼羅も対応するということなんです。その最後のところに、こういうことがあります。まん中の塔、大塔は無窓、つまり窓がないんです。そのほかに七十二の小塔があって、全部、仏様が中にいて、それが隠れているんです、小さな釣鐘型のストゥーパに。その下に今度は色界である方形壇があって、そこに釈迦の本生譚、いわゆるジャータカ物語とか、そういうのが全部書かれている。それをずっと上がっていく行為が、まるで空海の『十住心論』なんです。だから華厳の世界にいって、現に華厳経が書いてあるんです、ボロブドゥールという石の本には。そして最後にアルパダーツにいく。「九顕十密《くけんじゅうみつ》」という言葉が『十住心論』の極みです。結局、あれは、天皇から自分の教義を説明しろと言われて、各宗派が書いたわけでしょう。ところが、空海の場合、そこにあたすべての宗教を書くわけですね。それで華厳、天台と、全部が出てきて、そして最後に真言にいく。非常におもしろいのは、「九顕十密」という言葉で終わっている。九層の顕、そして最後がエグゾテリック（exoteric 顕教）からエゾテリック（esoteric 密教）、閉ざされた塔です。「十密」なんです。そういうふうにボロブドゥールの構造はできている。そこがすごいですね。ですから私は、これはひょっとしたら、空海とボロブドゥールは関係があるかなと思って、いろいろ調べてみたんですけれども、関係があった。

鶴見　『空海と密教』という本を頼富本宏先生が書いていらしゃる。

服部　それはおそらくそこまでいかないと思いますよ。頼富先生にもこれを読んでもらったらいいと思うんですけれども、「深秘釈《じんぴしゃく》」のところの「九顕十密」です。最後の「秘密荘厳心」にいたる空海の『十住心論』はボロブドゥールの構造そのものなんです。空海が長安に留学した時はいつだったかを見てみますと、空海は長安に二年いたんですが、八〇四年に行って、八〇六年に帰ってきている。最澄は同じ遣唐使の船で行くけれども、一年で帰ってきた。最澄は還学僧でしたから官費留学生です。空海は留学生《る》、私費留学生です。ですから向こうに残ったんですけれども、帰ってくるのが八〇六年。というのは何かということを考えるわけです。それはボロブドゥールが建設中の時なんです。八〇〇年の三十年ぐらい前にはじめて、八三〇年ぐらいに終わっている。ちょうどボロブドゥールを造っている時に、空海は長安に行っている。それからボロブドゥールを造ったシャイレーンドラ王朝というのは、船で北上して、長安と結ばれている。そのシャイレーンドラ王朝がセイロンのアバヤギリという僧院、つまりアヌラダプーラという奈良のような古都があるんですけれども、そこにあった大乗僧院と結ばれているわけです。セイロン、ジャワ、長安、奈良と、こういうつながりになっているんです。

鶴見　なるほどね。

服部　この『文明間の対話』（麗澤大学出版会）ではやさしく書いていますけれども、学術論文でも発表したものです。

鶴見　それは先生の最近のご本ですか。

服部　いや、これは『文明の交差路で考える』という、もともと講談社現代新書で出した本を書き直したものです。ですから本としては最近です。ここの「ボロブドゥールが語るもの」というところがそうなんです。それが曼荼羅ですね、ほんとに立体曼荼羅。

鶴見　そうですか。これは知らなかった。これはおもしろいわね。

服部　だいぶ書き直したので、現代新書よりはよくなっているはずなんです。

◆「文明の衝突」を超えて

鶴見　ハンチントンの『文明の衝突』に対峙するものですね。

服部　ええ。この本の最初にもちょっと書かせてもらったんですけれど、私はユネスコを退官してすぐに現代新書から本を出したんですけれども、ぼくが講談社の人に提案した題は「文明間の対話」だったんです。そうしたらそんな言葉は聞いたことがないというんです、九五年の段階で。

鶴見　流行りになったんです。『文明の衝突』が出てから「対話」というのが……。

服部　『文明の衝突』という本は九六年なんです。それで私が「文明間の対話」という題でどうですかと九四年にいったら、ちょっと固すぎるし、あまり聞きなれないからということで、『文明の交差路で考える』と、講談社の人がつけちゃったんです。

鶴見　『文明の交差路で考える』なんてややこしいわよ、本の題としたら。

服部　それで今回、四章か五章、新しいものをつけ足し、中の文章も変えたので、本来、ぼくが考えていた『文明間の対話』にするといったんです。

鶴見　これはいいわよ。『文明の衝突』に対峙する。

服部　『文明の衝突』が出る前、私はシルクロード総合調査計画というのを立てまして、そこに「シルクロードとは、陸の道、海の道を問わず、優れて文明間の対話の道であった」と書きました、これが私のプロジェクトの最初の一行です。それが一九八五年です。それから三年ぐらいの準備期間を経て、その総合調査が三十カ国、二千人の学者の参加を得る程になりました。陸の道、海の道を三年間かけてやったのが、八八年から九一年までです。その時に、それだけの国々や、いろんな財団やメディアや学者を惹きつけたのが、「文明間の対話の道」というその一語だったんです。ユネスコで、私は八六年から、学者の諮問委員会をつくりました。その中に当然ながらイランが参加したわけです。昔シルクロードを行き来してたのはペルシャですから。このプロジェクトをハタミさんは知ってたわけです。それでハンチントンの本が出た時に、それに対抗するものとしてハタミさんが「文明間の対話の年」というのを国連で提唱するんです。それが九八年です。ハンチントンの本が九六年。それでハタミさんの国連での提唱が九八年で、二〇〇一年が「文明間の対話国際年」になったんです。そういう経過です。

鶴見　それじゃあ、ハンチントンよりも先にこれをやっていて、あれが出て、またこれをお出しになった、そういうことね。ハンチントンばっかり表に出て、つまらないことに……。それを実践しているのがブッシュ大統領なんだから。

服部　もう一つ、こういうことがあるんです。その間にもう一人いる。それがモロッコのマーディ・エルマンジャラ＊という人で、一九九一年の湾岸戦争の時ですが、イラクがクウェートを侵略したから悪いんだといって、みんながイラクを叩いていた時に、「いや、これは第一次文明戦争だ（The first civirizational war）」といったんです。その論文を読んで啓発されたと、それはハンチントン自身の本に書いてあります。自分が書いているんだからまちがいない。それで今度はハンチントンが『Clash of Civirizations?（文明の衝突か）』というのを出すわけです。九三年に『フォーリン・アフェアーズ』誌に論文でまず出して、それから本になった。しかし、最初の"The first civirizational war" というエルマンジャラの論文がなければ、ハンチントンはああいう題は……。

＊エルマンジャラ　Mahdi Elmandjra　一九三三―。モロッコの未来学者。

鶴見　エルマンジャラはその論文はどこへ出したんですか。

服部　一番最初にその言葉が出てくるのは、九一年の湾岸戦争のさなか、ドイツの雑誌『シュピーゲル』で、エルマンジャラへのインタヴューでいうんです。

鶴見　モロッコのこの人は何学者？

服部　未来学者です。未来学会というのをつくった人です。この人は前にユネスコで私の同僚でした、事務局長補として。最初、フランス語で出したものですから、ハンチントンに伝わらなかったんですけれど、それがすぐ英語になって出たんです。

◆ハンチントンの宗教無理解

鶴見　それで、これが"Clash of Civirizations"になって、それを実現したのがブッシュ大統領なの。

服部　ハンチントンはハーヴァード大学の戦略研究所長だった。まさしくそこはアメリカの戦略を練るところですから。

鶴見　そうか、通じているのね。

服部　通じてますね。私はあの本は通読したんですけれど、問題がものすごく多い。文明のとらえ方が宗教を根幹にして、世界を八つの文明に色分けして、その宗教が文明の根幹にあるということをいっているのを、まず問題にしなければいけないけれど、その宗教のモデルが完全にヘブライスムのモデルなんです。そういう戦う宗教をモデルにして、儒教とか仏教とかヒンドゥー教まで理解しようというのはだめですよ。そういう彼の宗教無理解というところが非常に強く出ている。

鶴見　私のお師匠さんの社会学者マリオン・リーヴィ*は、宗教を寛容宗教と非寛容宗教との二つに分けるんです。東洋の宗教は寛容宗教なんです。そしてキリスト教とかイスラーム教、ユダヤ教というのは非寛容宗教で、非寛容宗教だけが宗教だというのではだめだということを、最初にいった人なんです。

*リーヴィ　Marion J. Levy Jr.　一九一八―二〇〇二。アメリカの社会学者。プリンストン大学における鶴見和子の恩師。

服部　そうそう。だからハンチントンはその誤謬をおかしている。つまり、自分がそういうユダヤ・キリスト教の伝統の中に生きていたから……。

鶴見　そういうのだけが宗教だと。

服部　それをほかのところに勝手に敷衍してやってますから、全然だめです。

鶴見　アニミズムは宗教ではないんです。宗教の定義からはずれるんですから。

服部　それはやはりヘーゲルなんかの歴史観が生きているんですね。直線的に文明は進んでいくということになりますと……。

鶴見　直線進化なのよ。

服部　ええ。ですからマルクスもその弊を脱してないんですけれども、古代の奴隷制、中世の封建制、近代のブルジョワジーといって、その次にプロレタリアの共産主義がくるといってますけれど、アジアの生産様式というのは古代奴隷制のもっと前にくると書いてあるんです。だからそれ以前の原始形態だと思っているんです。それはじつにとんでもない無知な記述になっていますけれども、それと同じような先入観を宗教に取りいれて、ヘーゲルなんかの史観ができていますすね。それだと多神教から一神教へ進化するという考え方ですから……。

鶴見　そう。それで宗教の合理化なのね。

服部　その多神教のもっと前にアニミズムがあるんです。

◆他者は自己の存在条件である

鶴見　私が最後にうかがいたいことは、一九九五年の東京のシンポジウムの時に、クストーからは多様性の問題提起があって、それから私は南方熊楠の曼荼羅論をやった。それであの時は気がつかなかったんですが、ほんとに最近になって考えてみて、ああ、あの会議でちゃんと出ていたなと思ったのは、文化は多様であるけれども、その中に通底するものがあるということだけではなくて、曼荼羅は仏教というけれど、曼荼羅の思想は仏教以前からインドの古代思想の中にあるわけですよ。それとエコロジーというのは近代科学の一部です。これは欧米から出てきたものですね。エコロジーの結論、これは実証的な研究にもとづいた結論です。それと古代インドに発祥した曼荼羅の思想とが、結論において一致する。そのことがあそこではっきり出てきたわけです。

クストーがいったのは種の多様性というものが生物の生存にとって必要不可欠な条件であるということですね。これがエコロジーの結論。そして曼荼羅のなかには、多様な、いろんなものがあるわけです。仏教以前からあったバラモン教とか土俗宗教の中の神格、例えば、韋駄天とか吉祥天とか弁財天、こんなのは仏教の仏じゃないわけです。そういうものを天部というところに、ちゃんと入れているんですね。中心ではないけれど。だから私の曼荼羅の定義は、「多様なものが多様なままにお互いに補いあい、助けあって、ともに生きる、その道を探るのが曼荼羅である」。そういうふうに私は通俗的に定義しているんです。そうするとまったくエコロジーの結論と同じなんです。つまり、古代インドと近代欧米に発祥した科学的思想とが、同じ結論をだすということは、いったいどういうところからきたのでしょうか。それを私は、服部先生にうかがいたいと思うけれども、私の結論をちょっと先に申し上げると、さきほどの詩人……。

服部 チュニジアのシェビという詩人です。原文はアラビア語で。

鶴見 あの人が病気で薄命で、病室の窓から自然を見ていた。そこで考えた。つまり、行ったら行ったきりじゃなくて、種はまたここに落ちる。そしてその草は死んでしまうけれども、また種ができる。

服部 そこからまたすべてがはじまる。

鶴見 また出てくる、循環の思想。私、それだと思う。南方熊楠は、曼荼羅論を言ったのと同時に、粘菌をずっと蒐集し、観察していた人ですね。粘菌を見ていると、はじめはどろどろしたアメーバ状で、これは捕食する。だから動物なんです。そして、外から風が吹くとか、気候が変化すると、今度は固定して植物になって、茎が出てきて花が咲く。ところが、その時はもう死んでいるというんです。動物ではない。固定して、何か食べ物が向こうからやってこなければ食べられないし、根から養分を吸い上げて生きているので、捕食じゃない。そういう動物界と植物界が混合して生きているようなもの。動物になったり植物になったりする。それが熊楠の研究の対象だった。ところが、それはどういう条件で生きられるかというと、低層、中層、高層の植物、つまり中ぐらいの灌木と、高層の木、そしてその下に苔とか、ほんとのじめじめしたところで、そういうものが全体として保全されているところでなければ粘菌は生きられない。そういうところから自然を見ていて、自然ではいろいろな種の植物が一つの地域に同時にあって、生長している。そういう状態でなければ生きられない植物としての粘菌を考えている。だから多様なものがともに生きていくことが生物の生存の条件として大事だという結論に達した。それが曼荼羅の思想と一致する。なぜかというと、自然の観察をすればそういう結論になるのだと。

服部 そうでしょうね。私は、フィールドでやってない人は全部弱いと思います。南方の場合もほんとにフィールドワークですね。クストーの場合も完全なフィールドワークです。

鶴見 そうなの、私もそう思う。

服部 生物の多様性がなければ、エコサイクルは弱くなる、あぶなくなるという証言は、だれかが本で読んだだけでいったなら、あれだけの迫力をもたなかった。クストーがいうからビンと響いた。

鶴見 だって三十年も四十年も、自分の一生をかけて探検してきた人でしょう。だからすごかった。ヘッケルが「エコロジー」という言葉を最初につくったと言われているけれど、それじゃ、迫力がない。南方の場合は粘菌を蒐集し観察したということと、曼荼羅が結びついた。

服部 南方のすごさは、那智の山の中でそれをじっと座って観察していたということです。

鶴見 座ったんじゃないのよ。けもの道を歩いて、死にかけた。

服部　でも、しゃがんで見てたと思うんです。

鶴見　崖から落ちて死にそうになって、命懸けで粘菌を蒐集したのよ。しかも現場で見た。研究室で顕微鏡で見たんじゃないのよ。

服部　そうでしょう。だからやっぱりそういう行為が、彼の言葉を生かしているんですね。南方曼荼羅一つでも、それから粘菌のスケッチでも、自分で書いているんだから、これはすばらしいですよ。

鶴見　それがクストーの言葉と結びついて、私はドカンとなった。

服部　「東京からのメッセージ」でもいってますけれども、科学はその科学の独自の道でこの結論に達したといっている。だから古代の智恵と一致するということは予想していなかった。それは思いがけない発見なんです。これは「ヴェニス宣言」に出てきますね。「科学による伝統の思いがけない発見」、こういうことなんです。

そういう共生の世界なんですけれども、ユネスコによる「文化の多様性に関する世界宣言」から読みとらなければいけない非常に大きな点は、あの宣言では、他者の存在というのが、いわゆる寛容とか、異文化理解の領域をもっと越えているんです。自己が存在するためには他者が必要だといっているんです。他の存在が自己の存在にとって必要条件だといっているんです。これがこの宣言のすごいところなんです。

鶴見さんと多田富雄さんとの往復書簡（『邂逅』藤原書店）も非常におもしろい。多田さんが免疫性を説くときに自己と非自己を分けるじゃないですか。自己は非自己に対して防衛の態勢をとって抗体をつくるという。しかし、この非自己がなくなったときはどうなるかということを多田さんが書かれたことがある。それは私、聞いていたんですけれど、驚くべきことですね。そのときには自己の中に非自己ができるんだと。そして自家中毒というすごいものができる。それで死に至るというんです。だから注意すべきことはこれなんです。つまり、他者の存在が自己の存在に絶えず交信している。その交信の姿というのは、曼荼羅は非常にやさしい結界になっていると思ってるけれども、そのすべてが、如来から菩薩、菩薩から天部まで交信していると思うんです。

鶴見　そうなの。交信しているところがすごい。

服部　単に棲み分けて、檻の中に入っているのが並んでいるんじゃなしに、あれは交信している。

鶴見　そして行きがあれば帰りがある、帰りがあれば行きがある。

服部　ボロブドゥールについて書いたんですけれども、向上門であり向下門である。だから往還の相のもとに開いています。

鶴見　往還、帰還なの。

服部　それが一番重要なことで、曼荼羅の世界がすべて動いている。

◆形式論理学を超える「萃点の思想」

鶴見　アリストテレスの形式論理学を使わなければ、われわれのコミュニケーションは成り立たない。これはわかります。しかし、形式論理学だけを使っていたら、こういうことはわからない。

服部　そうなんです。形式論理学はそれでもう行きづまりなんです。

鶴見　この変動する、変化する、循環する、そういう状況をつかむのに、どういう論理学が成り立つか。私、これはどうしても究極的に論理学の問題になると思う。

服部　論理学の問題の一番は、同一律、矛盾律、排中律の、その排中律にあると思っていて、それをいま包中律という、新しい論理があるということを理論物理学者が指摘したわけだから、それを私は非常に評価しているんです。

鶴見　理論物理学者の何という方？

服部　ニコレスキュ（Nicolescu）、ルーマニアの人です。現在は、パリの国立科学研究所（CNRS）の研究員です。

鶴見　科学者とか技術者が、だんだんにいっているのよね。ザデーもそう。あいまい論理というのは、いまここは何度ですかと聞かれて、摂氏何度と答えたら、それは実際には答えになっていない。というのは、ここの温度とここの温度とここの温度は全然違うからね。温度計の温度というのは、現実をちゃんとつかまえていない。全部知らなければ、ここの温度が何度ということはわからないということで、排中律を排すと。そこまではわかっているけれども、同一律は、時間を入れれば、「AはつねにAであって非Aではない」ということはない。Aが非Aになる。それから矛盾律はどうしましょう。そこが一番むずかしい。

服部　その同一律の場合も、AはAであるということが意味をなすのは、つねに非Aが存在するからです（笑）。ある意味で、Aは同時に非Aなんです。非Aがなければ、AはAであるということが意味をなさない。

鶴見　わかりました。ところが、矛盾するものがどうやって両立できるかということ。それが一番大きい問題で、私、それが南方曼荼羅の萃点《すいてん》の思想の中にあると思う。つまり、必然性と偶然性が出会う。曼荼羅はいままで平面図だったでしょう。だから出会わない。胎蔵界曼荼羅と金剛界曼荼羅があります。それで一つ曼荼羅を書いて、翌日また別の曼荼羅を書きます。これとこれを照らし合わせると違います。そういうふうには言えるけれど、出会わないのよ。だけどあれを南方は線描き曼荼羅にしたでしょう。だから出会う。そしてそれを萃点と呼んだ。

つまり、萃点というのが変化の契機なの。異なるものが出会うことが変化の契機なの。そうすると矛盾するものが出会う。出会ったところで何が起こるか。そこで討論をする。暴力は使わない。討論することによってお互いが変わっていく。それが萃点なの。そこから出てくると、今度は少し違う方向に行くようになる、線描きを見てると。

服部　私、南方曼荼羅を見てると動きを感じるんです。

鶴見　そうなのよ。ダイナミックなの。

服部　胎蔵界曼荼羅よりもずっと動きがあるでしょう。

鶴見　胎蔵界曼荼羅も金剛界曼荼羅もみんな平面図なの、配置図なの。

服部　ところが、ボロブドゥールは立体なんですよ、立体曼荼羅。それで向上門、向下門というのがほんとに身体的な実感をもって存在するんです。

鶴見　だから菩薩が如来になる段階を上がっていくわけね。

服部　で、最後は「空」ですからね、シュンヤー。これほどほんとの真言の秘儀を伝えたものはない。それからその曼荼羅は、それぞれの仏様がただ棲み分けをしているのではないと私は思いますよ。交信してる。それは私が他の存在というのが必要だということを、人類の自己の存在にとって他なる存在が必要だといったのは……。

鶴見　それはだれが言ったの、ヴェニスで？

服部　これは「文化の多様性に関するユネスコの世界宣言」。クストーの証言をもとにした、その第一条です。

鶴見　ヴェニスでだれかそこに出た人がそういう言葉を使ったわけではなくて？

服部　まだ「多様性」という言葉はヴェニス会議では出てません。ヴェニス会議の「ヴェニス宣言」は、科学がその独自の道をつき詰めることによって、伝統と古代の人類がいだいていた智恵に出会うというところが骨子ですね。

鶴見　ああ、そう。それだけでもおもしろいわね。それは物理学者が言ったの？

服部　物理学者ですね。こういう言い方ですよ。「科学はその独自の発展のなかで、いまや他の諸々の智の形態と対話できる段階に達したこと」。それから「科学と世界の諸伝統との思いがけない出会いは、新しいヒューマニズム、さらに新しい形而上学への展望を開いている」。

鶴見　それはみんながいっしょにいったことなんだけれど、これをとくにいった人はだれなの？

服部　これの起案者はさきほどのニコレスキューです。「東京からのメッセージ」の起案者はヘンリー・スタップです。

鶴見　じゃあ、両方とも理論物理学者だったのね。

服部　量子物理学です。

鶴見　柳瀬睦男さんも量子物理学。観測の理論をやった人。プリンストンでウィグナー*先生といっしょに。

＊ウィグナー　Eugene P. Wigner　一九〇二―九五。ハンガリー出身の物理学者。一九六三年ノーベル物理学賞。

◆ゴッホの太陽はなぜ輝くか？

服部　じつは私、多様性の問題で、去年、アンダルシアで非常におもしろい経験をしたんです。アンダルシアというのはスペインの南部で、見渡すかぎり、丘にオリーブ林です。そこで向こうの人からおもしろい説明を受けた。ここではいいオリーブオイルが採れると。そのコツは何だというと、同じ一種のオリーブの木を植えるんですけれども、十本に一本ぐらい別の種類のオリーブを植えるんです。あいだに点々と。そうしますと、もともとのオリーブがさらにいい実をならせるんです。それで、ああ、そうかと思ったんです。他の存在と交信をやっているわけです。

それから私はもう一つ、この多様性という、お互いが生かし生かされるという関係をよく表しているものに、ゴッホの絵を取り上げたいんです。ゴッホは南仏のヒマワリを描きましたね。それから太陽を書いてますね。ゴッホの太陽が一番すばらしい。ほんとの太陽になっています。

太陽というのはエジプトの時代からいろんなもので表された。円盤で表される。色としては黄金なんです。黄金が一番太陽に近いのかというと、そうじゃない。じゃあ、黄色だけで描けば一番太陽に近いかといえば、そうじゃない。ゴッホの太陽がほんとに生きているのは、五つの色を混ぜているんです。混ぜるのは、絵の具の中で混ぜてはいない。横においていく。そのまま。褐色もあれば緑もあります。そういうものを黄色と同時に並立させていく。それであのゴッホの太陽がほんとの輝きをだしている。だからそこに異質なものの存在が、太陽の黄色をほんとに光らせているわけでしょう。ここのところに注目しないといけないと思います。ゴッホの太陽がぎらぎら輝くような太陽であるという、ほんとの太陽に近い太陽になっているというのは、異なった色が横に置かれているということなんです。

そういうことが、文化の多様性の宣言の中核なんです。ほんとに絵の具を全部混ぜ合わせてしまったら、灰色になる。そうじゃなしに、それぞれを生かしながら横に置いていく。それによって輝くような太陽が生まれる。それが人生のほんとの真理を表していると思うんです。ゴッホの太陽一つが。あの人はそれを南仏で研究したんです。だからゴッホの絵は、みんなすごい迫力をもっている。現在の世界を見ますと、文化の交流はいいけれども、下手するとかき混ぜちゃうんです。そして全部が混ると灰色になって、死んでいきます。それぞれの文化の多様性とか、こういう文明間の対話の真骨頂は、自らの文化を持しながら他のものを敬う。その中に交信があることによって、他を生かすと同時に自分が生かされるという関係だろう。生かし生かされる関係というのが、文明間のほんとの対話の精神だと思います。

鶴見 曼荼羅は「異なるものが異なるままに、お互いに補いあい、助けあって、ともに生きる道」。そういうふうに、私、定義しているの。

服部 まったく同じ結論に至るじゃないですか。

鶴見 同じ結論にどうしてなるかというと、自然をそのままに見る。

おもむろに自然に近くなりゆくを老いとは言わじ涅槃とぞいわん

というのは、そういう気持ちなの。

服部 まさに涅槃、涅槃というのは、自然の実相をみるということです。

鶴見 そうなの。「入寂」というでしょう。ほんとに静かなところに入っていく。そういう心境なのよ、いまは。

服部 すばらしい。灰色ではなく光のある入寂。だからそれはニルヴァーナという言葉です。ニルヴァーナが寂ですもの。

鶴見 ニルヴァーナなの。よかった、ありがとうございました。

II

歴史認識を問い直す

「東洋」と「西洋」を超えて

◆現在のアメリカは「崩壊する帝国」

鶴見　改めて「多様性の中の統一」という問題ですが、クストーが、海底の生物の種が第二次世界大戦後にとくに減少したことから、生物にとって生きにくい状況に地球がなりつつあるということで警報を発した。それを私なりに受けとめますと、近代化の問題なんです。アメリカは、イギリスが一番最初に近代化したんだけれど、現在はアメリカがもっとも近代化された社会だと信じています。そうしますと、アメリカ以外の地球上のすべての国がアメリカのようなやり方で近代化するのが一番いいことだと考えているんです。それがアメリカの社会学における近代化論なんです。
　私はそうではなくて、内発的発展論というのは、それぞれの社会がそれぞれの自然生態系に適合して、そしてそれぞれの社会の住民の必要に応じて、それぞれの社会がいままで受け継いできた伝統に根ざして発展する。発展というのは、すべての人が可能性を十全に発揮できるような状態をつくりだすこと。それは人間の発展（human deveropment）であって、経済発展（economic deveropment）が指標ではないんです。人間が十全に自分の可能性を発現できるような社会をつくる。そのやり方はそれぞれ違っていいのだと。そういうことを内発的発展論で考えています。クストーの言葉を、近代化ではなくて、社会変化のすじ道と社会変化のやり方は違っていいと。そうすると多様になってきますね。そのほうが人類が地球上に生き残るのには都合がよろしいと、そういうふうに言い換えていいでしょうか。
服部　おっしゃるとおりです。クストーは、都合がいいどころじゃなくて、その多様性が人類の生存には必要であるといいました。
鶴見　そう、必要であると。そこでアラブ社会では、自然生態系も非常に違いますね。砂漠で発展していくとか、そういうことになると、ずいぶん違うと思うんです。それで例えば、どんな違うやり方があるでしょうか。それをうかがいたいんです。
服部　まずアメリカが、自分の社会が一番いいんだと、ほかの国も見習えばいいんだと思い込んでいる、現在のアメリカ人の大半が漠然とそういう思いを抱いているということは事実です。ところが、それは非常な無知に由来していると私は思います。私も所属している比較文明学会などに所属しているアメリカ学者は、アメリカが一番いいんだなんて、とうてい言いません。むしろアメリカは欠陥だらけであるという立場でおります。一般の人がそういうふうに思いこんで、これで一番だと思っているとしたら、アメリカはローマ帝国の崩壊の直前の状態ですね。

鶴見 私もそう思っています。

服部 ローマ帝国がいろいろな国を征服して、そのそれぞれの文化をもった民族をそのままローマ市民にした。そしてクレメンス（Clementia）といって政治にも経済にもそのまま参加できる形をとっていたあいだは、ローマ帝国が発展してきた。最後にそれがあまりにも増えまして、もうほかの外国人は市民にするなという法律ができるんです。元老院がそういうふうに決める。それからローマ帝国の滅亡がはじまる。つまり、ローマ帝国の場合も、自分が最高である、他に学ぶべきものは何もないと思った瞬間に、もう凋落がはじまっているということなんです。アメリカの場合も、そういうふうに自分の国が最高であると、民主主義も自由も全部享受している最高の形態になっていると信じている人は、本当に漠然とそう思っているだけで、その実体がないんです。これが実際の無知であるということは、学ぶべき必要がないということの証拠に、アメリカ市民の中でパスポートを持っている人が非常に少ない。たしか下院議員で四分の三が持ってないいんです。

鶴見 へえー。

服部 つまり、アメリカが一番いいんだから出る必要がないという考え方なんです。こういうことになってきますと事はそうとう深刻で、ブッシュ大統領も、大統領に選ばれる前は外遊というのは三カ国しか行ってないいんですよ。そのうち二回はメキシコだということです（笑）。ですからいまのアメリカの自由と民主主義の代表者という考えが実体をともなってないのです。たんに経済的に他を圧していると。軍事的に他を圧しているということでしかないいんです。その経済も作るほうは、じつは軍事産業以外は貧しい。今度、日本車に負けてどんどん自動車が凋落しているということが報じられていますけれども、ほかの物に関してもそうでしょう。空港でごらんになるとわかりますけれども、パリへ行けばパリのブランド品、香水などがあります。各地の空港のデューティフリー（免税店）でその国の品々を売ってますね。ところが、アメリカの空港に行くと、アメリカの物がないいんです（笑）。

鶴見 コカコーラを売っているじゃない（笑）。

服部 デューティフリーのところでは、結局は、エルメスとか、クリスチャン・ディオールとか、グッチとか、そういうものを売っていて、または日本のソニーとかナショナルを売っているんです。実際には空港の窓口で売る物さえもないいんです。

◆アメリカの強みは既に失われている

服部　じゃあ、なぜアメリカがそんなに経済的に強いとみんながいっているのかというと、一つには軍事産業が突出している。その次にやっぱり資本なんです。世界を覆っている資本力でしょう。新しい生産物は、じつは非常にお寒い状態です。アメリカのすべての産業が成功しているということでもない。それから民主主義というのも非常にあぶない。まるでテレビのゲームのようなお祭り騒ぎをやりながら、大統領を選ぶという姿は健全ではないと思います。ですから民主主義の方もあぶない。自由に関しては、いま、一番規制がきびしい。言論の規制もそうとうきびしい。いまでこそイラク戦争を批判しているメディアも、九・一一に続く半年、一年ぐらいは、全部、ブッシュの戦争支持ですからね。そういうところから見ると、言論の自由もあぶない。そうすると何がいいのかというのは非常にむずかしい。

だいたいアメリカの学校教育は、歴史、地理の教え方にしても、世界で中以下のランクにしかつかないですね。ＯＥＣＤの調査でアメリカが上位に入っているのは一つもないです。ですから日本は二十位になったといって非常に嘆いていましたけれども、それ以下ですからアメリカの名前も出ませんね。

鶴見　でも、大学教育はいいでしょう。

服部　アメリカの不思議なのは、ハイスクールで遊んでいますね。大学はだれでも行けますね。その後なんです。大学院の、マスター、ドクターから俄然よくなってくる。ですから人口比にすると二パーセント、三パーセントの優秀な人が引っぱっていくという、そういう形の国になっているんじゃないか。中流の知識層を見ると日本の方が厚いですね、まだ。

鶴見　そうね。識字率は高い。

服部　識字率に至っては全然問題にならないぐらいです。アメリカの非識字率は約二〇パーセントですね。フランスでもそれを一〇パーセントと公表しましたからね。日本はおそらく九九パーセントの人が文字が完全に読めるという状況です。私が新聞やテレビを見てて面白かったのは、まったく世界がわかっていないということの証拠に、カナダとメキシコは国境を接しているかという問いが出ますと、三分の一ぐらいが接していると答えたというんです。

鶴見　へえー（笑）。

服部　もちろん、日本と中国を置きまちがえるぐらいのことは朝飯前で、極めつけは世界地図でアメリカはどこにあるのかという問いに一〇パーセントぐらいの人が答えられなかった。

鶴見　えーっ。

服部　もう驚嘆すべき結果ですよ。そういうことから考えて、この国の教育はほんとに問題をはらんでいますね。ですから、今後、アメリカがほんとの自分の無知ということを考えないと、とんでもない結果になるのではないかと思います。

鶴見　それで思いだしたんですけれども、ちょうど日米戦争がはじまって、私がアメリカから交換船で帰る前の話ですけれども、私のアメリカ人の友だちの大学教授が、「いま自分は『ローマ帝国衰亡史』を読んでいる。なぜかというとアメリカがローマのようにならないためにね」と、そういうことをいったのを、そのころはあまりピンとこなかったんです。でも、このごろはほんとにそのことをもう一度考えるようになりました。だからアメリカ人はみんな『ローマ帝国衰亡史』を読んでほしいと、いま先生がおっしゃったとおりなんです。

服部　本当にそういうことですね。日本がバッと悪い方に向かったのも、日本は『ジャパン・アズ・ナンバーワン』というような本が出た後ですよ。

鶴見　エズラ・ボーゲルさんの本ね。そうだ、ほんとだなあ。

服部　その時に日本は第一番だと思った連中がそうとういまして、そういう本で、もう学ぶことはないと思った途端に、日本はバーッと低下しました。で、また、いまは学ぶ方向に転じてますけれど、……。

◆日本の使命とは何か

鶴見　アメリカはいま自殺行為に陥っている。私は、どうして日本がいっしょにくっついて心中しなければならないのか、そういうことを言いたいんですよ。

服部　本当にくっついて心中してもらっては困るんですけれども、いま一部の指導者がアメリカに追従するということで盲目になっていますからね。これは悲しい。私はいろんな機会に、「日本・イスラームの対話」というシンポジウムに何回も出ていますけれども、言えるのは、日本という国は本当は、現在、ヨーロッパもアメリカもアジアの国々もイスラーム諸国も平等に見渡せる立場にあるんです。G7ないしはロシアをふくめてG8がありますね。あの中でキリスト教国でないのは日本だけなんです。あとは全部キリスト教国です。いま、文明の衝突らしき戦争がイラクとかいろんなところで起こりますね。その時にイスラームにも与せず、キリスト教圏にも与せず、仲介できるのは本当は日本だけなんですよ、ところがG7の中で。その役を果たしてないんです。

鶴見　果たしてない。

服部　日本はアジアの一部だからアジアのことを知っている。欧米の人たちよりよく知っている。そしていま、ヨーロッパのこともよく勉強したから知っている。アメリカもたくさん勉強したから知っている。そしてイスラームのことは非常にいま勉強していて、急速に追いついた。だからイスラームのことも語れる。この立場にあるのは日本です。だから日本の本当の使命というのは、日本がそれらの国々と等距離で対話をくり広げることです……。

鶴見 それが日本の外交政策ね。

服部 使命です。絶対、日本の使命ですね。

鶴見 武者小路(公秀)さんは「日本は結びの文化、アメリカは選びの文化」といったんだけれども、ほんとに結びの文化なら結びつける役割ができるはずなんです。

◆オリエンタリズムの真の問題

服部 おっしゃるとおりなんですけれど、一つだけ武者小路さんの解釈がまだ昔のカテゴリーに入っているところがあるんです。それは西洋と東洋の分け方で、漠然と「東洋」という語を「オリエント(Orient)」の訳で使っておられるようなところもあって、「西洋」は「オクシデント(Occident)」の訳と。そうしますと、オリエントに多様性がある。ここまではいいんです。その中のアラブ諸国からイスラームの扱いで、これをオリエントに入れているのは、じつはヨーロッパ人の勝手なやり方なんです。オリエンタリスムというのが出てきてからのやり方で、それはアラブ人自身とか、日本人とか、東洋の人はだれも納得していない。それは非常に大きな誤りだと思います。エジプトから西の方にある「マグレブ」というのは「西の果て」という意味です。つまり、「地の果て」という意味です。そこまでをオリエントという東に入れると、そんな無理な話はないんです。

まず、どういうところでまちがっているかというと、一つにはヘブライズムの木がありまして、そこにゾロアスターが絡んでくるというのは昨日申し上げたんだけれども、それはまずおいて、その木から一つのキリスト教という枝が生えてくる。それでこれがゼロ世紀、一世紀に生えてきます。そして七世紀になるとイスラームという枝が生えてくる。キリスト教の一つの枝が、結局、カトリック、プロテスタントに分かれる。イスラームの方もスンニ派、シーア派に分かれてくる。こういう大きな木が描けるわけですよ。これが一つの文明の体系であると考えると、もう一方、もうちょっと東の方に別の木が生えている。これは結局、インド教の木なんですけれども、バラモン教から、仏教という枝が生えてくる、ジャイナ教という枝が生えてくる。仏教も大乗と小乗、非常に荒っぽい分け方ですが、こういうふうに分かれて、その大乗の中もいろんな枝が……。こういう木があって、それでまん中の幹はヒンドゥー教というふうになって、現在もある。一方の木の方ではユダヤ教となっていますね。ヘブライズムという言葉からユダヤ教というのはいまもある。こちらの方の木はインド教です。これは古代インド教からきて、現在はヒンドゥー教という形である。そこから仏教もジャイナ教も分かれている。ですからこの一方の木をオクシデントと呼び、一方の木をオリエントと呼ぶならばＯＫ。しかし、一方の木の一つの枝であるイスラームだけを切り取って、インド教の方の木といっしょにして、こっちを全部オリエントというのは、全然無理があるわけです。

ところが、ヨーロッパが近代、とくに十九世紀以来行ったのはそれです。オリエントというカテゴリーに日本からイスラーム諸国まで入れてしまった。これは歴史の乱暴な扱いで、オリエントの方に入れられた国の諒解は一切ないわけです。しかし、そのひどいオリエンタリズムという言葉まで生んだ分け方が、非常に大きな弊害をいまもたらしているんです。弊害をもたらしているというのは、いわゆるユダヤ、キリスト教国はイスラームと本質的に対話できないと。「東西は出会うことなし」といった考えに結びつくんです。ところが、イスラームはオクシデント文化の分かちがたい一部であるということを認識すれば、そういうことはなくなるわけです。本当は深い意味で「東西は出会う」と私は思っておりますけれども、かつて「東西は出会うことなし」というキプリングの言葉をいうならば、いまのイスラームとキリスト教国との戦い、あるいはユダヤ教とイスラームの戦いは、あの区別がおおいに禍いしているわけです。なぜ同根であるイスラームをオリエントの方に入れたかという問題は、じつは非常に根深いんですね。十字軍の時まで遡ると思うんです。

鶴見　ブッシュ大統領は、自分は二十一世紀の十字軍をやるといって、イラク攻撃をやったじゃないですか。そういう意味では、あの人は正しいことをいった（笑）。

服部　あとで取り消したけれども遅いんです、本音をいっちゃったから。

鶴見　自己暴露ですね。

服部　そういうふうにオリエント、オクシデントで分けてくる時には、十一世紀まで遡って、その戦いの怨恨がいままで響いている。それからもう一つ、サラセン帝国というものが非常にヨーロッパを脅かしました。これは八世紀以来ですよ。大きなアッバース王朝がバクダッドを首都としておおいに栄えた時に、ヨーロッパはすでに脅威を受けている。しかし、それは本当の戦いじゃないですよ、脅威を受けた。しかし、十字軍の戦いというのは十一世紀からはじまっていますから、これは本当の大きな戦いがあったわけでしょう。そのあたりが全部、アラビア人との戦いであった時から、どうしても自分のカテゴリーに入れたくない。それからついにオスマン・トルコの時代になって、これはもっと後期ですよ。やはりヨーロッパが非常に脅かされた。オスマン・トルコ軍によってウィーンなんかが包囲されて陥落しそうになりました。そういうような経験を経ていますから、今度はトルコの脅威、イコール、イスラームの脅威ととられていた。レパントの戦いあたりから形勢が逆転して、最後にオスマン帝国が凋落して、だんだんオスマン帝国がなくなっていく。その経過から、オリエントというものをオクシデントに入れたくない、つまりイスラーム国を、アラブ諸国もペルシャ、つまりイランも、それからトルコもオクシデントに入れたくないんです。その他大勢という意味で、オリエントに入れようと。

◆「東洋」という概念の虚妄

服部　これはもう宗教的な系図からいうと非常にひどいことですね。ですから本当の戦いは宗教ではないだろうと見ています。宗教をバックに戦うというハンチントンの解釈はまちがっている。あれはもっと民族的な戦いです。宗教以前に民族的に一種の嫌悪感を抱いてしまった。そういうところが残念ながら歴史上にあった。この歴史のひずみがオクシデントを生んだ。これを西欧と訳す。じゃあ、オリエントを何と訳すかというと、じつはないんです。それを東洋といってしまうと、また変わってきて、非常にむずかしい。例えば、岡倉覚三*（天心）が「アジアは一つ」といった時に、いまでいうオリエントの国すべては入っていない。岡倉の「アジア」というのは、日本、中国、インド、そこまでです。その他の国は入っていない。「東洋」というのは非常にあいまいな言葉で、私はなかなか使わないんですけれど、使うならば、こういう意味で使いますと前置きしてから言わないといけないですね。

＊岡倉天心　一八六二―一九一三。明治期の美術指導者。主著に『茶の本』他。

オクシデントの方は何か統一をもっている。しかし、オリエントという方は、オクシデントにふくまれない残りすべて……。ザ・ウエスト・アンド・ザ・レスト（the West and the rest）。だからそれが用語のあいまいさで、あまり使わない方がいい。でも、アジアという言葉だって明確な区別はないし、もちろん、国連とかユネスコでは執行委員会を選出するときの線引きをしなければいけないので、「アジア」というカテゴリーに、例えばイランとか、アフガニスタンとか、トルコとか入れているんです。というのは、「アラブ諸国」という一つのカテゴリーがある。しかし、その中にはトルコやイランは入らない。アフガニスタンだって「アラブ諸国」じゃなくて、アジアに入れる。それはどこかのグループに属していないと投票できないからそうなっているんです。例えば、執行委員会の委員国にアジアが何議席、そういうときにみんな参加できなきゃいけない。

「アラブ諸国」というカテゴリーがあるけれども、例えば、イラクは「アラブ諸国」なんです。しかし、イラクと国境を接しているイランはアジアなんです。イランというのはペルシャ人だからです。ですからアラブ民族の国家群に入らないんです。そういうことで、まるでパッチワークみたいになっている。イスラエルはどこに入っているのかというと、なんと「ヨーロッパ」陣営に入っている。

鶴見　イスラエルはそうね。だってブッシュ大統領が支持するんだから。

服部　もちろん「アラブ諸国」はイスラエルを受け入れないでしょう。じゃあ、それが「アジア」かというと、根拠はどこにもない。そこでやむをえず、投票は「ヨーロッパ」のグループでやる。イスラエルはそういうことになっています。

鶴見　イスラエルはアメリカの属国なの、日本と同じだ。

服部　ロシアは「ヨーロッパ」圏ですね。シベリアのことは考えてない。投票するときはモスクワのことだけですから。しかし、東洋という言葉も、元来、あれは中国語でしてね。これが表れるのは、せいぜい元《げん》のころでしょう。その頃、東の洋《うみ》、南の洋、西の洋といっていたわけですから、最初に出てくるのが東の洋。結局、航海するようになって、元の時もそうとう航海していますね。だいたい海を渡って元寇が押し寄せて来るんですから。南の方も行ってますね。そのあたりから海の向こうの国々をさして、東の方を東洋といい、南の方を南洋といった。で、南洋が、また東南洋と、西南洋に分かれるわけです。だんだん細かくなってくる。そして、ついにもっと西にあるということで、西洋というのができる。西の洋が西洋、東の洋が東洋です。だから中国自身は東洋じゃない。中国はもうセントラルということです。中華です。語源的には。中国語でありながら、その周辺国を指した言葉です。

◆さまよえる「アジア」概念

服部 「アジア」という言葉はもっと古いんです。これはアッシリア帝国という、現在のイラクあたりにあった国を中心にして、その東を「アス」、「アジア」と呼ぶようになった。東の方、陽が昇るところで「アジア」という言葉が出てきて、反対が「エレブ」、つまり陽の没するところ、これが最後にヨーロッパになるわけです。それで「アジア」という国がだんだん変転するんです。スウェン・ヘディン*がロプノール湖のことを「さまよえる湖」といいましたけれども、アジアという国もさまよう。で、ある時、フェニキアの時代、つまり紀元前三〜四世紀、フェニキアがカルタゴという都市をつくりますね。紀元前、カルタゴというのは大帝国になるわけですが、第三次ポエニ戦争でローマに滅ぼされるんですけれども、カルタゴに行きましたら、その当時のカルタゴ全盛時代の地図があるんです、地中海近辺の。地中海の一番東の方に、ちゃんと小さな国でアジアと書いてあるんです。アジアという国があるんです。だからアジアという国は実在したんですね、カルタゴの時代に。

＊ヘディン Sven A. Hedin 一八六五—一九五二。スウェーデンの地理学者、中央アジア探検家。

鶴見 いまはどこを？

服部　いまですとシリアあたり。そのアジアという国がいろいろ移りまして、結局、陽の昇る国といいますか、そういうニュアンスがあるものですから、ある時にはアナトリア半島の全体がアジアなんです。ですからいまですと、トルコです。それがまたアジアと呼ばれる時もあります。だからアジア自身がさまよう概念であるということです。それがついに最後の、「Asia is One（アジアはひとつ）」という岡倉の言葉になるまで、いろんな言葉が変遷してきて、中国とか日本がアジアと呼ばれるというのはごく最近のことで、マルコ・ポーロの時まで中国はアジアと呼んでいません。カタイ（Cathay）ですね。カタイという言葉から、いまのキャセイ航空（Cathay Pacific Airways）ができているんです。だからカセイですね。でも、あのｔｈはｔで発音するから、それがマルコ・ポーロの時の中国の呼び方じゃないですか。そうすると、そこにアジアは出てこないです。

結局、ヨーロッパが船でやってきますね。アジアというのは東の方の国ということだから、それをどんどん引っぱってきて、どんどんインド洋を東のほうへやってくる。陸が続いているから、それが全部、アジアになってくる。そして、ヨーロッパの船がついに日本までやってきますね。ですからフランシスコ・ザビエルが十六世紀ですが、その同じ時に陸続きを見ながらここまで来たんだから、これは全部アジアになる。だから「アジア」という大陸名はかなり遅い。文献には案外、「日本」は出てきますよ。「アジア」という名称をわざわざ使うことはほとんどない。だから結局、ポルトガル人とかスペイン人が、「アジア」の概念を広めたというふうに思われますね。それからオランダですね。スペインというのは案外、南の航路をとってないんです。スペインはポルトガルと競争するために、いまのメキシコを経由して、太平洋越しに、マニラ・ガリオンという船を走らせる。これでいまのメキシコがヌエバ・イスパーニャ（新スペイン）という、植民地になったわけです。それで、その新スペインを通りますと、太平洋に出られる。そうすると太平洋航路というのが開かれるんです。これはポルトガルのおよばなかったところなんです。太平洋航路を、結局、黒潮を発見して、黒潮のように回るわけですけれども、これがスペインのすばらしい富をもたらした秘密航路だったんです。というのは、そこにはポルトガルやオランダの船は来ない。スペインだけは植民地であるヌエバ・イスパーニャ、いまのメキシコのこちら側に船をつけて、太平洋側のアカプルコから出発すれば、全部、太平洋航路ができた。それが十七世紀のマニラ・ガリオンというすごい貿易船で、それがスペインのパクス・イスパニカと言われるような、スペインの興隆を築いた大きな一つの要因なんです。結局は最後にマゼラン海峡が発見されてから、アメリカの最南端ケープタウンを回って、はじめてほかの国は来れるようになった。ケープタウン廻りのインド航路でやってきたのは、ポルトガルの次がオランダですね。

つまり「アジア」という言葉は、アッシリアまで遡ることはないけれども、ローマ・カルタゴ時代には完全にあった。それがだんだん拡大解釈されて、いまのアジアのほうにだんだん延びてくる。それが完全に日本まで拡大されたのは、私は十六世紀だと見ているんです。

◆「ヨーロッパ」の語源にある神話

服部　では「ヨーロッパ」はどういう概念か。そこがむずかしいんですけれども、最近、地質学で大陸移動説があるでしょう。それによりますと、ちょうどいまの黒海を通った北上する線、つまりイスタンブールのところです。そこに断層があるようなんです。アジア大陸とヨーロッパ大陸は、そこで結びついているらしい。そこで下のほうからはインドのプレートがアジアにぶつかって、ヒマラヤをつくったといっているじゃないですか。それはインド大陸が北上を続けているものだから、いまでもすごいことが起こる。地層が縦になったりする。例えば、ガンダーラの更に北のほうに行くと、完全に縦の地層を見ることができます。これは地層がクラッシュしているんです。ヨーロッパのプレートとアジアのプレートは、やっぱりそこに断絶があるみたいなんです。だからあながち「ユーラシア」という言葉はまちがっていないと思ったのは、ヨーロッパのプレートとアジアのプレートというのは、じつは文化的な差のみならず大陸の浮遊で地質学的に違うということなんです。

そして文明史的には、先ほど言いましたように、「エレブ」という言い方は、アッシリアの「アス」の逆の言葉でもある。日の昇るところが「アス」で、日の沈むほうが「エレベ」でしょう。「エレベ」がヨーロッパになっていくわけです。ギリシャ神話ではフェニキアの王女にヨーロッペ（エウロペ）という乙女がいまして、やはりレバノンのあたりに住んでいたんですけれども、それをゼウスが一目惚れして、牛に化けて、背中に乗せて海を越える。拉致するわけです。

あの神話でおもしろいのは、エウロペはレバノンあたり、つまり古代文明の地に住んでいたわけでしょう。それをギリシャが取りに来る。拉致するという。こういう神話にふくまれているのは、意味深なところがありますよ。レバノンというと、例えば、レバノン杉の産地ですね。

エジプト神話にでてくるイシスという女神は、オシリスの奥さんですけれども、オシリスが弟によって殺される。その遺体を入れた棺桶がナイル川を流れ流れて、海を渡って着いたところがレバノンとなっているんです。そして夫のお棺を木が包みこんでいる。それがレバノン杉なんです。奥さんのイシスがレバノンに追っていって、そこでついにレバノンの王様の寵愛を受けて、夫を取り返す。王から、なんでもお前のほしいものをやると言われて、その木をくださいといって、その木を根元から切って、持って帰るんです。

そういう物語がでてくるときに、これは滑稽な神話だと思うのではなしに、レバノン杉というのが重要な輸出品目としてエジプトに運ばれたということを理解しなくてはいけないんです。

ピラミッドの中にも材木はありますし、それから太陽の船に使われている材木、いろんなところに材木は昔はあったといっている。それがエジプトにはない材木で、全部レバノン杉。つまり、レバノンから運んできているんです。

ですから、エウロペの誘惑のギリシャ神話でも、やはりレバノンからギリシャに文明が渡ったんです。それがヨーロッパの語源になりました。ギリシャがヨーロッパとは切っても切れないという関係にある。すべてはギリシャが起源だ、とヨーロッパ人が言いたがるというのもわかりますね。しかしそのギリシャが彼らのいうオリエントとの混血だということは忘れている。

◆イスラームを排除するヨーロッパの歴史観

服部 ヨーロッパ人はレバノン、シリア、中近東のそういう国々、例えば、バビロンの話ぐらいは、かろうじて名前ぐらいは聞いているけれど、バクダッドのアッバース王朝になると、ほとんど知らない。しかし、本当は中近東の国々はものすごく重要な役割を歴史上果たしている。それと同時に、そういった文明移行によって、エジプトにも行き、ギリシャにも行き、とやっているんです。メソポタミア文明だけをとれば、そのスターティング・ポイントだけでも、エジプト文明よりも少なくとも五百年ぐらい早いわけです。しかし、そのほかの文明との交流も非常に古いんです。エジプトが絶えず中東のメソポタミアおよびシリアまで交易しているというのが歴然としているわけです。王家同士の結婚の血のつながりだってある。そういうことがはっきりしている。それなのに、そこの部分は歴史であつかわない。

その次にエジプトとペルシャの文明がいっしょに入って、やっとギリシャに絢爛豪華な文明を築きあげるけれども、ギリシャ文明がそれらの影響を受けていることは、ヨーロッパの歴史ではなかなか語らないんです。だからあたかもヴィーナスが地中海の泡から生まれるというような、歴史上にギリシャ文明という卓越した文明が、突如として地中海に花咲くという印象でもって歴史書が書かれた。ギリシャの前にあった中近東の文明、それから遡って、エジプト、メソポタミアの文明、それは多少ふれることがあってもつながりとしては書いてない。ギリシャ文明がはじまる二千年前にエーゲ海文明というのが、ギリシャ文明とは別にありました。それもエジプトと関係がある。しかし、それも書かない。

ヨーロッパでないものを排除していく。つまり外物として排除しようとしているというのは、実際には歴史の大問題なんです。なぜ排除しているのかということを、私は地図を広げて見てみましたら、なんと現在のイスラーム国を排除しているんです。ほんとはギリシャ文明とか、それ以前の文明というのは、マホメッドが生まれるずっと前の話ですよ。だからそれは関係ないだろうと思うんだけれども、そうじゃなしに現在の、イスラーム諸国、シリア、パレスチナ、全部そうでしょう。イラク、イラン、それから中央アジアのそれぞれの国、ウズベキスタンとか、キルギジー（キルギス）とか、歴史書には全部排除されています。歴史に現れるのは、ギリシャ、ローマ、それからいまの西欧、フランス、イギリス、こんなものです。

「イスラーム憎し」といっても、イスラームになったのは、例えば、サマルカンドがイスラーム化するのは八世紀です。八世紀以前には、サマルカンドに、イスラーム以前の絢爛たる文化が咲いていたわけです。そのサマルカンドももう歴史に登場しない。なぜでしょう。そこがいまイスラーム国になっているからなんです。その歴史の消去ということを、私は「文明のひずみ」という論文で書いたんですけれども、文明のひずみというのはかなり意図的につくられたといえます。

◆デカルトも指摘した歴史の歪曲

服部　ところで、ぼくはその論文で一つの例を引いたんですが、これはデカルトがすでにいっているんです。デカルトがなんと『方法序説』という、あの一番有名な本の中で、自分が受けたジェズイットの教育を、神学からはじめて全部批判していく部分がある。一つ一つの学問を吟味しながら批判していく。そうすると歴史のところへいきましたら、なんとこういう言葉が出てくる。「歴史は、たとえそのいっている部分が正しくても、その他の陰の部分を省略することによって、全体像をゆがめる」。すごいですね。ちゃんと指摘している。ぼくはやっぱりデカルトは鋭いと思いますね。

ぼくは、教室でよく黒板に大きく円を描いて、これは何だといいますと、みんな太陽だというんです。それで今度はその円盤の一部を消す。いま描いたばかりのを消すわけです。そうして今度はこれは何ですかと。

鶴見　日蝕。

服部　日蝕といえば正解なんです。ところが、みんな月だという。それは変でしょう。さっき、太陽を描いて、その一部を消したんだと。それがデカルトの言わんとする、オミッションによる歴史の歪曲なんだと。それをデカルトが『方法序説』で指摘しているのはすばらしい。

鶴見　そういうことは哲学で教えないわね。『方法序説』を読んでも。

服部　『方法序説』はよく読むとすごい本ですよ。

鶴見　『方法序説』は、フランス語の試験のために読んだけれど、全部をそんなに一生懸命読んでないから……、すごいわ。

服部　『方法序説』をぼくは精読したんです、大学院で。原語プラス・ラテン語です。で、比較しながらラテン語で補填することができるんです。ラテン語は、デカルト自身のラテン語ですよ。
鶴見　ラテン語で書いたの？
服部　あれはフランス語で書いて、メルセンヌという友人の神父がすぐにラテン語にした。しかし、それをそのまま出版せずに、デカルトがラテン語を添削しているんです、全部、校正している。
鶴見　ああ、だから「我惟《おも》う、ゆえに我あり（コギト・エルゴ・スム）」はラテン語なのね。
服部　そうです。そこのあとに「existo（エグジスト）」というふうに添付してますね。だから「スム」の意味を、言い換えれば、「エグジスト（実存する）」とラテン語では加えています。

◆自然の中に神の法則を見たデカルト

服部　それにしても、そういうのをやっていきますと、デカルトはすごいところがあるんです。あれだけ機械論的世界像をつくりあげた、人間と自然を切り離した、心身を切り離したということになって、批判ばかりされていますけれど、デカルトが生きた時代に何が起こったかということを考えなければいけない。それは神学論争が一つ。神学論争が果てしない二重真理説に陥っていたこと。それからもう一つは科学の進歩がついに地動説を正当化する。つまり、ガリレイのような科学者が現れる。それのもとになっているのが、いまならコンピューターですけれども、その当時現れた最新の武器は望遠鏡だったんです。望遠鏡というのは物事をがらっと変えた。そこでギリシャ時代には絶対に問われなかった問いが問われたんです。果たしてわれわれは事実を見ているか。というのは、望遠鏡を通して見ると、一つのものが大きくなったり小さくなったりするでしょう。レンズを通して見るということによって、物事はあるがままに見えていないのではないかという疑いをね。だから物事が曲がって見える、あるいは実在そのままには見えていないという問題がそこで望遠鏡のために起こる。じつはレンズのために起こったんです。真理というのは、古来からのスコラ哲学の定義によって、「イデンティフィカチオ・レイ(Identificatio Rei)」という言葉があるんだけれど、「レイ」というのは「レス(Res)」といって「物」。物との一致なんです。アイデンティフィケイションです。それをデカルトも求める。そうすると、すべて感覚というのがまるでレンズのように物をゆがめているんじゃないかと。感覚はすべてが疑いの対象になる。で、疑って疑って、すべてを疑い……。

鶴見　それでこのあいだの、「我感じるゆえに我あり」ではだめだと。

服部　だめなんです。感覚もまたまちがうこともありうるのではないかと、まずカッコに入れるんです。全部カッコで疑っている。そしてついに疑っても疑っても疑いきれないものは何かというと、疑っている「我」、疑っている我そのものが存在するということだけは疑いえないということになって、そこにクリア・アンド・ディスティンクト（clear and distinct）、クレール・エ・ディスタンクト（clair et distinct）、「明白にして鮮明」という、この原則は、その時に「我惟う、ゆえに我あり」といった時に実感したエビデンス（evidence）……。

鶴見 ああ、実感した……。

服部 デカルトは感覚を排除しているといいますけれど……。「コギト・エルゴ・スム」といった時のその実感は、もうフィーリングに近いんです。

鶴見 そうね。だから「コギト」じゃないのね。

服部 それだけ明瞭なものを、エビデント（evident）なものを、クレーレ・エ・ディスティンクトなものは、感動をもって突き刺さって、それがなぜクレールか、なぜディスタンクトかということは、もうきけないんです。

鶴見 だから直観じゃないの。

服部 直観に近い。だから今度はそれを尺度にしたんです。で、疑う我自身の存在は疑いえないという、それと同じ程度に、明白鮮明なものは、全部肯定していくんです。だからそれまでの懐疑というのは、方法的懐疑といって、そういう完全な一つの尺度に到達するための方法なんです。だからあれは「方法序説」と呼んでいるわけです。それはメトード（méthode）自身が一つの方法なんです。で、最後に、これだけは疑いえないというものに到達した。その時のその疑いえないということの確信自身は、一つの直観なんです。そしてその直覚に類した明晰さをもったものは、全部肯定していきますよ、そこからあとは。

だからデカルトがそのようにすべて疑い、カッコに入れなければいけなかったという、回りにある神学と科学との拮抗、葛藤、それから科学技術がもたらした新しい望遠鏡という新兵器は、現在のコンピューターに匹敵するぐらいの大きな発明ですよ。それがあったということを念頭におかなければいけない。で、こういうことに至るんです。デカルトは自然の中に神の法則があると見た。このデカルトの課題をだれも講義してない。自然の法則は神の法則、これはすごいことですよ。

鶴見　それじゃあ、先ほどの話に返ってくる。

服部　ところが、同じ法則を神は人間の理性に与えた。したがって、人間の理性は自然を理解し、分析することができる。これがデカルトの自然法則の論です。

鶴見　そこまで教えない。

服部　『方法序説』をその前でやめているからです。「コギト」のところに至ったところで、もうみんな読むのをやめている。

鶴見　もう「コギト」で終わっているから。

服部　そうなんです。それをいっているんです、デカルトは。自然の法則は神の法則ということをいうところまでは、完全に東洋思想じゃないですか。

鶴見　そうよ（笑）。

◆神の存在証明に挑んだ哲学者

鶴見　そうするとデカルトとスピノザが。スピノザは私なんかはわかりやすいの。

服部　スピノザにはナトゥーラ・ナトゥランス（Natura naturans 生む自然）という言葉が出てくる。

鶴見　ナチュラル・ナチュラータ（natura naturata 生み出された自然）も。

服部　スピノザとデカルトの違いはどこにあるのか。結局、ここに超越神がいるかどうかの問題だけになっちゃうんです。スピノザには、現世界、イマナンス（immanence）というか、内在の世界がある。しかしその上に超越神があると、デカルトは完全にスコラ哲学的に考えていますね。少なくとも彼の『第一哲学に対する省察』という本、ここにちゃんと「第一哲学」、つまり、神学、いいかえれば形而上学が、神の存在と魂の不滅性を証明すると書いてあるんです。デカルトの『省察』という本は、神の存在の証明のための省察なんです。『方法序説』でもその証明をやっているんです。「存在論的証明」と言われる、有名なものです。それは簡単にいいますと、こういうことです。私は自分が不完全だということを知っている。ということは、完全がなければならない。完全なものがなければ自分が不完全だと言えないじゃないですか。だから完全なものがどこかにある。その完全なものが存在しないとすれば、それが欠如体になるから、それ自身完全という定義にもとるというんです。完全者という定義自身にもとるから、完全なる者は存在をふくむ。これが存在論的証明と言われるものです。

それに対しては、じつは賛否両論が延々と世紀を越えて続くんですけれどね。いずれにしても、デカルトの存在論的証明はそうですよ。その神は、ここにやっぱりイデアのようにある。この神が自然界にも人間の脳にも同じ法則を書きこんでいる。したがって、同じ法則を使って人間が自然を統御することができる。こういう論理になってきているんです。

そこでじゃあ、日本や東洋と何が違うのか。東洋というあやしげな言葉を使いたくないのですが、われわれの東アジアの文明圏とどう違うのかというと、結局、超越神があるかないか、問題はそこだけに絞られる。われわれのほうの神というのは、宇宙そのものであり、その宇宙に流れている生命だ、それを神という。それが現れてくるのが、すべて神々ですよ。それに対して、デカルトの考えている神は、超越神であり、創造者なんです。この世界のほうは創造物なんです。こちらはクリエーチャー、むこうはクリエイターなんですね。スピノザの場合は、非常に自然に近いでしょう。

鶴見　そうなの。汎神論なの。だからアニミズムに近いんです。

服部　けれども、キリスト教圏にいながら、あの人は理性を使いながらやりますね。スピノザは一番おもしろいけれど、スピノザのことはちょっとやめといて、近代の西洋文明の基礎をつくったといわれるデカルトにもどりましょう。

デカルトの場合に、よく読みこんでみると、超越神がいなかったら、全然この構造は成り立たないんです。ところが、いま、超越神が消えていくでしょう。ヨーロッパ文明ではだんだん超越神が衰退していく。超越神の座についたのが、超越神のほうから理性を与えられた人間なんです。こういうのが近代の構造じゃないかと思っています。

――ということは、科学の進歩が、科学の最先端が神であると。

服部　科学は研究する対象を目の前に置く学問なんです。神が被造物を見るように。それに対して宗教とか信仰とかいうのは、対象と主客というものを分けませんね。科学者というのはオブザーバー、みる主体になっているから、研究の対象は自分の前に置かれているわけです。そうじゃあ、目の前に置けないものに関してはどうなるかというと、これが非常にむずかしい。その問題を提起しているのはガブリエル・マルセルなんです。こうやって目の前に置けるのが、プロ・ブレーマー、つまり前に置かれたもので、プロブレムになるわけです。しかし、そういうふうにどうしても置けないものは、マルセルはミステール、神秘と呼ぶんです。だからそういう神秘的なアプローチでもって自我の問題とか、自分の身体とか、神の問題とか、汝という問題をあつかわなければいけない。どうしても目の前に置けないから。デカルトがそれを目の前に置くという態度をどうしてとったのかなということを私は考えていたら、彼がスコラ哲学の伝統にのっとって仕事をしていたということが非常によくわかってきたのです。デカルトを無神論だと考える人は、そこがまちがっているだろうと思います。彼自身が彼の本で神の存在を証明すると言明しているんだから。

ここのところは、ぼくがソルボンヌに着いた時に、私の指導教官だったんですけれど、ポール・リクール*先生から、最初に会った時に言われたんです。話がデカルトにおよんだら、私も「近代のこういう地球破壊というか、すべての問題はデカルトから起こっているんじゃないですか」なんていうことをいったら、デカルトはドゥーブル・フォアイエ、二焦点をもった哲学者だから注意しなさいよと、ポール・リクールさんがぼくにいったんです。そのドゥーブル・フォアイエ、二焦点の哲学者ということを、ぼくはそれからよく考えたんです。一方には科学者としてのデカルト、もう一方はあくまでも神の存在を証明しようとするスコラ哲学のデカルト、その二つがあるというんです。

*リクール　Paul Ricœur　一九一三―二〇〇五。フランスの哲学者。主著『時間と物語』他。

◆日本は一神教的である

服部　だからやっぱり唯一神の問題というのはすごい問題なんです。この『出会いの風景』という本で、「一神教と多神教」というのを書きましたけれど、結局、一神教と言われるのは、超越神をいだいているほうなんです。多神教というのは、これもまた無批判に使っている人も多いと思うんですけれども、この論文の趣旨は、結局は一神教と言われているほうがむしろ多神教であって、多神教と言われているほうの宗教は、案外、一神教的であるという結論になるんです。

鶴見　それはどういうこと？

服部　日本人がどこかのお宮さんあるいはお寺にお参りしますね。そこにあるのが大日如来であるとか、阿弥陀如来であるとか、観世音であるとか、全然気にしてない。例えば、柴又の帝釈天みたいに、帝釈天というとバラモン教のインドラ神なんです。また、ブラフマンのほうは梵天なんです。どこの前でも手を合わせる。ということは、どの差もたいしたことがない。結局、日本人にとってはこれらは全部、仮象なんです。それを通して一者を透視している。それで日本人が神というとき、かぎりなく単数に近い（笑）。

鶴見　神々は神に近い。

服部　そうですよ。神仏といっても、もちろん、単数に近い使い方です。それで「仏もまた塵《じん》」という言葉がある。それも仮象なんです。だから現身《うつしみ》といってもいいけれど、それに対して隠身《かくりみ》というのがあって、隠身というのはヒドゥン・ゴッド（hidden God）なんですけれど、それは限りなく一者に近い。例えば、キリスト教の教会に行っても、日本人は祈ってます。やはり同じ神様に祈っているんです。すなわち、全部、そこにあるものは仮象です。

鶴見　なるほど。現身と隠身。

服部　神というのは、おそらく隠身。それが全部、現身の姿であらゆるところに顕現する。そうすると、ほんとの神といっている神様というのは、限りなく一神に近い。だから親鸞が浄土真宗を立てた時、それを阿弥陀と呼び替えることに、人々が素直にいってしまう。だから浄土真宗は限りなく一神教に近いでしょう。日本人の半分ぐらいの人口が、なぜそこに行けたかというと、その前にこういう精神風土があったと。すべての神々が、大日もそうですが、そういう外来のものが全部やってくる。それをすべてありがたく受けとりながら、その彼方にもう一つ見ている。透視する、透かして一つのカミを見ているという……。

鶴見　だけど、それはいつでもやっていることなのよ。あちらに山があるでしょう。あの山が尊い山だと思うと、鳥居を建てて……、遠野がそうです。これがあの山の神様を拝むところですよといって、これを拝むと、あの山の神様を拝んでいるんですよって、しょっちゅうやっているのよ。

服部　そう。究極の存在は隠身であるということにあると思うんです。その現れが何であってもいいんです。お狐様でも拝める。木でも石ころでも、滝でもいい。しかし、おおいなる一つの生命を見ている。それが神なんです。

◆多神の競争から生まれた一神教

服部　その逆に、一神教は、世界外の神である。つまり、創造者である。世界は人間もふくめて被創造物であるという、この前提に立つところから非常に大きな問題がでてきているんです。デカルトのような科学の樹立というのもそうですけれども、だいたい一神教というのは戦う宗教をつくりだした。

一神教というのは、前十四世紀のアクナテン（イクナートン）というエジプトのファラオが最初です。太陽神を一神とした人ですけれども、それが評判が悪くて、一代で滅びて、その子のツタンカーメンというのが、また昔の多神教に戻したということがあります。唯一の、数十年間の一神教の時代がエジプト史にあった。しかし、それを除いては、やはりモーゼの出現が一番大きい。モーゼがシナイ山で契約を交わした神、ヤーヴェからほんとの一神教がはじまるわけです。じゃあ、その時のヤーヴェとモーゼの契約に何が出てくるのかということが問題です。

そこはぼくは聖書で、厳密に読んで、『比較文明』誌にも書いたんですけれども、「出エジプト記」があります。これは前十三世紀ぐらいです。注意すべきは、このヤーヴェとの契約時に次のような言葉があると。「われのほか何者をも神と信じるな」。これがヤーヴェの言葉です。その次、もう一つ、「汝は他の神を拝むべからず。そは〔なぜならば〕エホバは妬む神なればなり」。それがヤーヴェ自身の言葉ですよ。それはその二つとも、完全に他の神の存在を前提にしているということです。だからその中で私を選ぶ、われをもって神とせよ。他の神を拝むな。他の神を拝んだら私は妬むぞと、こういうことですから、これはすごい言葉ですよ（笑）。それが排除の原理だと。そこに一神教は、本来は多神教という本質が出ています。これがユダヤ教の根本的な態度でしょう。

神を選ぶこと、ここで選民が生まれるわけです。それからイスラームに行きますと、信仰告白、シャハーダに、「アッラーのほかに神はなく、ムハンマドはアッラーの使徒なり」。これが第一条ですね。ここのところもすごいですね。なぜそういうことを言わなくてはいけないのか。ほかに神があるからそのような言葉が出てくるんです。ヤーヴェの言葉もムハンマドの言葉も、他の神の存在を想定した言葉なんです。

一神教と言われるところの、こういう宗教群というものは、じつは多神教の土壌から生まれるのです。競争する多神教の土壌ですね。ここに紛争の根本的な原因がある。選民となるということは、じつは人々が一つの神を、例えば、ヤーヴェという、シナイ山に住んでいた地方神を選んで、あなたが唯一の神ですよということです。それによって、今度は自らが選民になるわけです。ユダヤ人というグループが選民になる。

イスラームのほうは、もちろん、アッラーに帰依した人。「イスラーム」という言葉は「絶対服従」すなわち「帰依したもの」という意味です。ところがイスラームでは、キリスト教もユダヤ教も兄弟の宗教であるとあつかっています。だからその宗教を否定しない。ユダヤ教の民もキリスト教の民も、そのままでいてください、われわれはいとこですと。それがイスラームの立場です。いずれにしても「アッラーのほかに神はなし」というのは、"There is no God but God" ですからね。ここは英語ですとそういう訳になるんです。アラビア語でも私は習いました。すると「アッラー」という固有名詞がでて、「アル」という一般の神をさす言葉がでてくる。これは特殊ですね。アッラーがアラビアの神の固有名詞であることを、チュニジアのファンタール教授が教えてくれました。ですから、日本で「デウス」を「神」と呼びかえたような操作があった。しかし啓典の民という立場は変えていません。一神教と言われているものは、現在ではユダヤ教、キリスト教、イスラームでしょう。これ以外にはないんです。ともに同じ旧約聖書という土壌から出ている。根幹が一つ、バイブル・プラス福音書がキリスト教で、バイブル・プラス・コーランがイスラームです。「出エジプト記」の最初のモーゼのシナイ山におけるヤーヴェとの契約、これが出発点です。そこのところを考えてみる必要があるんじゃないかと思っています。

いまの世界構造で、新世界秩序なんていうことを掲げるときに、同じ聖書から出て、こういう構造になっているときに、こっちだけは別の文明で、これはオリエントだと押しつける。そんな無理なことはないんです。だからこれを世界史的にも書き換えていかなければいけない。私は今度、ユネスコでそういうシンポジウムをやったら、将来の定義においてはイスラームを完全にオクシデントの中に入れようという提案をするつもりです。オリエントと見ている以上は紛争は絶えません。

■ イスラーム圏はいまどんどん広がっていって、インドネシアまで達していますね。

服部 そうですが、インドネシアのイスラームは、ほんとに寛容なイスラームなんです。なんでも受けいれるイスラームなんです。そういうイスラームは、私、非常にけっこうだと思います。祈りのイスラームです。結局はそういうアジア的な風土のなかに溶けこんでいくんですね。戦うイスラームというのはアフガン、パキスタンそして中東諸国ぐらいです。しかしそれらの国の間に明確な境界なんてないですね。私は、衛星の撮った写真で見るのが好きなんです。そうするとあそこには境界がないですから。

循環と再生の思想へ

◆大いなる水の循環が育むもの

服部　循環と再生の思想は、稲作文明と密接な関係にありますね。和の精神というのもそこから出てきて、稲作と非常に関係がある。水の管理なんですね。

鶴見　水なのよ。

服部　水の管理から水田の場合、棚田というものがありますけれど……。

鶴見　だから共同でないとできない。自分のところだけ水を引くことはできない。

服部　そう。一人でもそれを破ったら村全体が危機に陥る。この水田の、とくに棚田に見る水の管理というのは、バリ島とか……。

鶴見　バリ島はとても水の管理がいいですね。

服部　雲南にもルソン島にもあるんですけれどね。そういうところから、和の精神というのが生存の智恵として生まれてきたと思っているんです。

私、おおいなる水の循環というのがあると思うんです。それはモンスーン地帯に起こるんですけれども、海の水が蒸発しまして、そうすると雲になって……。

鶴見　そしてまた不純物を大気圏外に捨てて、また雪になったり雨になったりして地上にもどってくる……。

服部　それに風があるんです。風がモンスーンで雲を運びますね。そうするとそれを受けとめる山があるんです。この地形が必要なんです。山に当たってここに雨が降る、そしてそこに森が生まれる。森が幾多の生命を育む。

鶴見　保湿するわけね。

服部　そうですね。水も蓄え、そして洪水じゃなしに、ちょろちょろと水を流す。その水の中にあらゆる滋養分がふくまれている。それでいろんな微生物が育ち、微生物によって小さな魚やカニやエビが育ち、そして川が、今度はすべての家畜を育て、田畑をうるおし、そして海に流れていく。その海に流れた水がその中に非常に大きな滋養分をふくんでいるので、海の中の生物も育てる。森が海の恋人なんです。
鶴見　それが治山治水による水の管理ですね。
服部　海にいった川の水が、海の生物もうるおす。そしてまた、海の水となって蒸発して、雲になり、ふたたびモンスーンに乗っていく。こういうふうに大きく水が循環している。
鶴見　そうなの。循環の思想は水よ。水の文化なの。
服部　そこが一番重要なことだと思います。水の文化ということに、案外、みんな気づかなかった。
鶴見　それだからいろんな事件が起こっているのよ。洪水が起こったり……。
服部　石の文化ばかりを考えていたんです。そして水の文化があるところには、結局、木の文化が育ってきた。
鶴見　それを近代になってから堤防を高くした。それは石の文化よ。コンクリート、そうするとどんどん波が高くなって、最近も起こったでしょう。洪水で家を流すのよ。
服部　人為を加えることによって、水の循環を大きく傷つけるというところから、環境破壊が起こっている。水のおおいなる循環ということを考えていたら、諫早のダムだってもっと考えて、やめればよかったと思うんですけれどね。
鶴見　ダムが問題なの。いま中国でそれが起こっているのよ。

◆山に残された少数民族の文化

服部　私は中国のとくに雲南に行った時に感じました。雲南というのは山また山なんです。

鶴見　そうよ。私も行きました。

服部　そこにはげ山が多いんです。全部木を伐ってしまった。そうすると川が濁流になる。これは悲しいです。雲南の五つぐらいの少数民族を訪れたんですけれど、いま、少数民族の文化が非常に脅かされているのは、中央政府が全部伐ってしまったんだけれど、彼らは木の家を建てていたわけです。いま、急に植樹還林《かんりん》ということをいいだして、木を伐ることを禁じたんです。そうすると少数民族も伐れませんね。そうすると伝統的な家が建てられない。それでコンクリートブロックのつまらない家を、今度、政府が建てて。昔の伝統は高床式の木の家で、日本のわら葺きの家と似ているんです。その中に大黒柱がちゃんとあって、神棚もあって、そしてそこに稲穂を供えて、稲霊ですよね、そういう造りがあって、村の入口にはしめ縄があって、鳥居がありました。ぼくは雲南で目撃したもののなかに、お餅、丸餅、納豆、鳥居、しめ縄、大黒柱、全部あるんです。そういうものが、いま、なくなりつつある。それは非常に悲しい。文化の多様性を守らなければいけないという宣言が出てくる時に、これはフィールドワークでもっと注意しなければいけないところです。

鶴見 雲南は少数民族が一番多いところなの。

服部 一番多いんですけれど、それにはこういう歴史的な過程があります。あれは元来、中《ちゅう》原《げん》に住んでいた。いまから約三千年ぐらい前の中国を見ると、いま少数民族になった五十四の民族が、全部、いろんなところに大きな民族で住んでいたんです。結局、漢民族がほかをずっと駆逐していく。それに追われてだんだん山のなかへ入って行く。だからもともと好き好んで山奥に行ったのではなしに、追われていくんです。この現象はあらゆるところで見られる。

インドネシアのセレベス——いまスラヴェジーと言われている——の山奥に住んでいるトラジャ民族も、合掌造りのような、すばらしいトラジャの家屋をもっている。紀元前二千年ぐらい前、南シナ、おそらくインドシナから漂流してきた民族が最初は海岸に住んでいたんです。それを後発のブギスという民族がだんだん山のなかに追っていったんです。もう一つの例でいいますと、地中海沿岸には昔、ベルベルという民族がチュニジア、アルジェリア、モロッコの海岸線に住んでいた。それがフェニキア人の渡来と同時に内陸へ追われます。そしてさらにローマ人が来る、アラブ人が来る、このあいだにだんだん逃げて、アトラス山脈に入りこんだ。で、現在のベルベル族というのはアトラス山脈に住んでいる。こういう現象が起こるんです。

ですから雲南一つで、昔の数々の民族の文化の形をいまとどめている。私が一つの博物館のようになっているというのは、それぞれの文化が山のなかに入って少数民族になったから守られたということです。中原のほうはどんどん変わっていくわけです。例えば、秦の始皇帝の時代から考えても、秦から魏、隋、唐、宋、元、明、全部、侵略の……。そのために全部根こそぎにされていくわけですから、長安の都も空海が行ったころのおもかげはないわけです。いまあるのは西安ですけれどね。いまある城壁から建物は全部、明の時代です。唐の時代のものは、大雁塔、小雁塔の二つだけが残っているという状態でしょう。そのような姿を見ると、いま少数民族に見る風俗習慣というものは、本来は全部、長江の沿岸にあったはずだと思えてくるのです。いまから三千年ぐらい前に。それがどんどんそういう王朝の入れ代わりで破壊されていって、現在の中原の形になっている。ところが、雲南の山のなかへ逃げこんだ少数民族が、ミャオ族とか、ワ族とか、いろいろありますね。これがかろうじていまからおそらく三千年前の姿を保っている。だからこそ、われわれはそれを非常に大切にあつかわなければいけない。

鶴見　そうなの。その研究をやったのが費孝通*なの。文化大革命の時、いままでやっていた仕事ができなくて、「少数民族研究所」というのをつくって、そこで少数民族の研究だけをやっていた。女性の作家の謝冰心*に、私が北京に行ったとき、費孝通のところに連れていっていただいたんだけれど、その二人がいっしょに、The pattern of diversity in unity of the chinese nation（『中国国民の統一の中の多様性』）という題で、小本を書いた。費孝通と謝冰心との共著と書いてある。

「あら、どうして共著なの」と聞いたら、「われわれは自分の仕事ができなくなったから、いっしょに少数民族の研究をあの時代にしてたんです」って、その本をいただいた。いま手元にないけれど……。

＊費孝通　一九一〇―二〇〇五。中国の社会学者、人類学者、社会活動家。
＊謝冰心　一九〇〇―一九九九。中国の作家。

◆日本の歴史から消されたアイヌ

服部　それは非常に重要で、日本でも私、アイヌの文化をもっと大切にすべきだと思うんです。アイヌは自然と共生する文化ですからね。それを全部、日本語で教育することによって、アイヌの独自の文化を消していきましたよね。

鶴見　アイヌの方で、衆議院議員になった方がいました。

服部　萱野《かやの》茂さん。

鶴見　民族資料館の館長さん。あの方が少数民族のアイヌの言葉を保存するという本を出していらっしゃるわね。

服部　私、アイヌはユーカラ座をパリに招待したということもあって、非常に親しいんです。アイヌ民族の文化を顕彰しなければいけないと思って、一九七六年ユネスコの場でやったんです。ほんとにすばらしい成功でしたよ。やはり自分の文化に自信をもっていただくということが一番重要なので……。十五分間、拍手が鳴りやまなかったぐらいです。「カムイ・ユーカラ」という、アイヌの創世記みたいなところがあるんです。その部分を舞台芸術としてアイヌの人々自身がつくりあげた演劇です。

鶴見　アイヌの創世神話ね。カムイというのは神ですね。

服部　そうです。最初、雷神が降りてきて、ハルニレの木に恋をして、天から降りてきて、そこからアイヌラックルというアイヌの祖先が生まれて、それが成長していく物語なんです。「アイヌ」という言葉は「人」ということでしょう。「イヌイット」と同じで、あれも「人間」ということです。ところが、最初、やはり神が木に降りてくる。

鶴見　日本と同じだ。

服部　だから神社の神籬《ひもろぎ》なんです。そこに神が降りてくるんです。そして人が生まれる。これは日本と同じどころか、梅原猛*さんが「縄文文化はアイヌ文化」ということをいってから、なんという突飛なことをいうんだろうという批判が多かったけれども、いまはほとんどそちらのほうへいってますよ。縄文文化というものをつくったのは、ほかならぬアイヌ人の祖先だと。現在はだいたい認識はそっちのほうへいっていますね。それが歴史書の書き方は、大和という朝廷が出現して、われわれもその一部なんですが、大和民族というのがすべてをつくってきたと言いたいから。

＊梅原猛　一九二五―。哲学者。主著『隠された十字架』他。一九九九年文化勲章。

鶴見　それはオミッションしたのよね。

服部　大和民族が駆逐した蝦夷《えぞ》が、蝦夷というのはアイヌのことですから、それが縄文文化というすばらしい文化をつくったとは言いたくないいんです。

それが「カムイ・ユーカラ」の出だしなんだけれども。私、阿寒のアイヌ・コタンに何回も行ってるんです。しかし、金田一京助＊さんが一生懸命アイヌ語を保存しようとしたけれども、現在はアイヌ語を完璧にしゃべれる人がもうなくなった。だから、萱野さんが一生懸命、復活させなければいけないんですね。これはケルトのブルトン語みたいなものですね。それを復活させようという動きで、いま生涯教育のなかでケルト語、つまりブルターニュ語、ブルトン語といいますけれども、それの教室が現地で開かれているんです。復活しなければいけないぐらいに、もう消え去っている。

＊金田一京助　一八八二―一九七一。言語学者、国語学者。主著『金田一京助著作集』他。一九五四年文化勲章。

萱野さんに同調する人はそうとう多い。語彙としてはそうとう残るんです。しかし、文章は語彙だけじゃないから。復活ができればすばらしいと思いますね。ユーカラ語りの語りの全部を録音して、一つ一つの言葉を再現する必要があるんですね。ユーカラの語りというのは、素読だから、意味もわからずに音でつないでいく。だからそれを解読して、もう一回、再構成するという作業が必要になるだろうと思います。

それと同じことが、雲南の少数民族にいま起こっていて、ハニ族でも、ミャオ族でも、全部、教育は中国語で行われているから。いつかはそれが消え去る時がくるのではないかという懸念がある。それに木造の家というのは建て替えなければいけない。お伊勢さんのように二十年ごとぐらいに。お伊勢さんは立派なものですけれども、雲南の少数民族の家はもっと質素ですからね。それが建て替えができないという状況に追いこまれている。

◆民族の根幹を奪う政策

服部　アイヌの人たちは、もうすでに木彫りの店を出して生活しているんです。そして悪い言葉でいうと観光アイヌというふうになるんです。アイヌというのは狩猟民族である。その狩猟が禁じられたから。それが問題なんです。アメリカでも、戦前、アラスカのエスキモー、これはイヌイットなんですけれど、全部、狩猟を禁じた時があります。最近、イヌイットだけはクジラを獲ってもいいとか、また別の法律ができましたけれど。そして禁止した代わりにインデミニティ（indemnity）、生活費をあげると。それが最悪の政策なんです。なぜかというと、無聊《ぶりょう》のうちに酒を飲むようになる。アメリカではウイスキー、日本のアイヌ民族も、ぼくはやめなさいというんだけれど、ビール、ビールなんです、朝から。そうするとみんな……。

鶴見　働かなくなる。

服部　ひまでしょう。で、酒のほうにいってしまうんです。それはいけないんです、ほんとに。生活のために戦わなければ……。狩猟民族であれば、狩猟と漁労でやっていたわけだから。それをアイヌ人には全部認めなければいけなかった。それをそこに入植した日本人と同じように規制してしまったから。その二つがともに規制の対象になってしまったんです。

だからみやげ物を売って、それから日本人の女性と結婚する、その逆もまたある。アイヌの女性が日本人と結婚する。シャモというんです、倭人を。シャモと結婚して、それが数世代になっているから、純血アイヌというのはほとんどいないという状況になりました。それでも文化が継承されればいいと私は思うんですけれどね。民族間の混血というのは、いつでもあることですからね。しかし、その根幹は言葉を失ってはいけないということですね。言葉が文化であるという、お話ししてた内容に関わることですけれども、言葉を失った民族というのは、もはや一つの文化と言えないです。

鶴見 それを朝鮮で日本は規制した。

服部 やろうとしたのが悪い。教育の面と「創氏改名」でやりましたね。そこはおおいに反省すべきです。

鶴見 日本はなんの反省もしてないからね。だから反日、反日というのをおさえろといっても無理よ。いままで悪いことをいっぱいしてきたんだから。

◆国を超えて教科書を分かち合う

服部 もう一方は、このあいだの「ハタミ大統領を囲むシンポジウム」でもいったけれど、教科書を相互に見せあおうと。それで変えるべきを変えていこうという機運は少なくともヨーロッパには非常にありまして、戦後一番最初にやったのはドイツ、フランスなんです。第一次、第二次大戦で戦い、その前には普仏戦争というのもあったんです。その二つの国が教科書の相互検定をやりまして、同一教科書をつくったんです。そこからはじまって、十二カ国の同一教科書ができて、それが十五カ国で採択されたというような、そういう動きがヨーロッパではあるんです。それは十五年か二十年前です。

鶴見 だから戦争後、すぐにやったんですね。

服部　それは敬服すべきイニシアティヴでしたよ。戦争をなくすにはそれだということです。だからそれでナポレオンの例の欧州制覇は今や「侵略（invasion）」という言葉でフランスの教科書にも出ているんです。ナポレオンによる侵略、その言葉をちゃんと使っている。そういうことを積み重ねていかなければいけないのに、日本・中国ではじめようという動きはあるけれども、具体化するのにはそうとう年月がかかるんでしょうね。日韓もやらなければいけませんしね。

鶴見　私、そのことを書いたことがあるんです。私が高等学校の社会科の教科書に、はじめて頼まれた時があるんです。それは見田宗介さんが編集されたものです。それで私が、私が書いたら通りませんからご辞退しますといったら、見田さんが、いや、どうしてもあなたが書けというからといって、そのことを書いたんです。韓国では教えられている、つまり、慰安婦の問題です。強制連行と慰安婦の問題が子供たちに教えられている。そういうところが日本では全然、日本の子供には教えられていない。そのことが、「地方の時代」映像祭の審査委員長をしばらくやっていて、ドキュメンタリー番組に出たんです。朝鮮の子供が日本のちょうど同世代の女の子に対して、「あんた、慰安婦ということを知ってる?」といったら、「そんなの知らない」っていった。「あら、学校で習わないの？」っていったら、「習わない」という。それでびっくりしたという、そういう場面が出たことを私、書いたんです。これでは、これからの世代が仲よくすることはできないだろう。そうしたら、それを削除しろと。必ずそう言われると思ったけれども、書くだけ書いて、こういうコメントがついていた。「そんなドキュメンタリー映画に出たなんていうシーンを事例に出して、こういう大事な問題を論ずるのはあまにり軽率である」。それで私は、私は引き上げないけれども、どうぞそちらでいいように計らってくださいといったんです、しょうがないから。だからそういうことがあるのよ、日本では。

それからなぜそういうことが起こるかということを、少し若い人たちにきいてみたら、古代を非常に一生懸命やる、中世を一生懸命教える、それから江戸時代まではやるけれども、あとの近代、現代というのは、全然歴史のなかでは教えません。もう時間がありませんという。

服部 そうそう、時間切れというもっていき方です。

鶴見 若い人たちにきいても、日中戦争、第二次世界大戦なんていうことは、歴史のなかには出てきませんというわよ。全然教えないのよ。だからこういうことが起こるのはあたりまえなのよ。

服部 私の子供は全部フランスの教育を受けてきたんです。第二次世界大戦のことは完璧に学習してますね、最後まで。だからこういうことを日韓のあいだでもやらなければいけないです。慰安婦問題とか、日本の占領中の問題が、例えば、日本で一ページで書いてあるのが、向こうは二十ページぐらいなんです。ここにはオミッションによる歪曲もあるけれども、クローズアップによる歪曲も起こるんだね。それが注意すべきことで、歴史を公平に見るというのは非常にむずかしいんです。過去というのは、絶えず変わるんです。過去というのは現在の産物なんで、過去という……。

鶴見 ……実体があるわけじゃないのよ。選択するのよ。だから by omission（削除）と、by exaggeration（強調しすぎ）なの。どっちかによる歪曲が起こる。

服部 オミッションかクローズアップか、両方とも歪曲ですからね。過去というのは現在の解釈以外の過去はない。

鶴見 そう、ほんとにそう。

服部 どこかそこにただ一つの過去があると思ってはいけない。過去というのは絶えず変わっている。端的な例が、弥生文化のはじまりが紀元前五世紀と言われていたのは、つい昨日のことなのに、いまは紀元前十世紀ですよ、新しい発見によって。それだって過去が変わったんです。そこはよく注意しなければいけないところで、とくに教科書というようなものは、複数の国で討議して、ともに分かち合えるような教科書を作る。これは重要なことですね。ヨーロッパでできたことが東アジアではできないというのもね。

鶴見 それは日本の問題なの。というのは、向こうからはそれをしてくれと……。文部省というのがまずガンなの（笑）。

服部　私がユネスコで一九八五年に「シルクロード総合調査計画」というのを立てた時、そこに結局は三十カ国、二千人以上の学者が参加したんですけれど、それによって大きく歴史解釈が変わるんです。いわゆる中央アジアの歴史からのオミッションというようなことが出てくる。ヨーロッパの創作と思われていたのが、じつは全然別のところから来ているというようなことがどんどん出てくる。その諮問委員長をやっていたのが、ギメ美術館の館長であった、バディム・エリセーフ*という人なんです。その人がいいました。「エイジ、おまえは三十カ国の教育省と戦うのか」と(笑)。「なんで教育省と戦わなければいけないんですか」といったんです。そうしたら、「教育省というのは、よき国民を、愛国心をもった国民をつくるための省なんだ。それでみんなが歴史を書いている。そこへいって、その歴史を変えるような事業をやるというんだから、すべての国の教育省を相手に戦うことになる」といったんです。それは非常におもしろかった。

＊エリセーフ　Vadime Elisséeff 一九一八―二〇〇二。ロシア系フランス人の日本学者。

鶴見　そうなのよ。だからヨーロッパともっと仲よくして、見習うところは見習うべき。なんでもアメリカがいいという。それでアメリカの教科書では、原爆のことはあまり教えないんです。だからそれを見習っているのよ、日本が。

服部　私の家内なんかは、原爆の投下というのはアウシュビッツの殺害と同様の犯罪であるといってますけれどね。日本人はそれをはっきりいっていいのではないかと、フランス人でありながらいっていますけれども。アメリカでもそういうふうに都合が悪いところはオミッションする傾向がある。日本はいまアメリカだけが外国だと思っているというようなご発言があったんですけれども、とくに現在、そうなっているんですね。江戸時代、明治時代、そんな時はないです。

鶴見　ないわよ。だってヨーロッパを見習え。哲学はみんなドイツ哲学が唯一だと思って、アメリカの哲学なんてばかにしていた。ところが、いまはアメリカなのよ。

服部　すべてアメリカしかないような考え方をしているところに、日本のあやうさがあるんです。

◆日本はアメリカと心中するのか

鶴見　私、日本は滅亡への道を歩んでいると思っているの。一番心配なことはそれよ。

服部　日本人が国際社会というものは何かということをもっと知らなければいけないんです。まるでアメリカが国際社会だと思っている。これはだめです。私は国連とかユネスコとか、いろんな場に行くとよくわかるんですけれど、むしろアメリカは少数派なんです。ユネスコの場で見ると国際社会というのがほんとにあるんです。百九十カ国がつくっている国際社会があるんです。みんな話し合えるんです。その中でアメリカが浮いているんです。そのアメリカと日本が結んでいるという奇妙な……。アメリカを取り巻いているものは、例えば、イラク戦争のような無謀な戦い、国連決議なしでのイラク侵攻ということが起こる時に、ついてきたイギリス、これは血縁関係です。それからアメリカの援助を受けるために、やむをえずそれに参加するという東欧諸国、それから小さな国、そういうものばかりでしょう。肝心のフランス、ドイツ、ロシア、中国、だれもそんなところに参加していない。そういう安保理の重要な国も全部参加していない。日本だけどうしてついていったのかというのは、非常に反省しなければいけないところですね。というのは、日本は国際社会でやっていこうとするのか、アメリカと心中するのか。それをはっきり選択しなければいけない。

鶴見　私は自分がいま死ぬことばっかり考えている。鬱病じゃないのよ。これは現実の問題として、自分がいなくなる。それから後のことを考えると、一人でもそういうことをいう人間がいなくなることを心配して、こんな体で何も役に立たないけれども、いま遺言としていっておきたいことはそれなの。私が知っているアメリカというのは、ニューディールのアメリカ。それはいまのアメリカとは全然違う。それを言いたい。それを私はほんとのアメリカだと思っている。それでアメリカは自浄作用ができる国だと、いままでは思っていた。いつでも振り子が戻るでしょう。ところが、今回は戻らない。もうこういうふうになっちゃって……。

服部　いや、鶴見さん、いつかは戻ります。

鶴見　もうそれまで日本が保てるかということよ。

服部　アメリカはニューディールもそうですけれども、良識が芽生える時があるんです。アメリカの「独立宣言」なんてすばらしい文章じゃないですか。

鶴見　そうよ。

服部　あそこに理想が書かれている。フランス革命によって採択される「人権宣言」、その前にアメリカの「独立宣言」に書いてありますね、「人権」の基本的な考えが。だからやっぱりすばらしい人々がいたんです。それでウィルソンなんかが国際連盟をつくろうとするじゃないですか。あれも理想主義でやっていたんです。ところが、アメリカ自身が国内で反対があって、入れないわけです。ユネスコの場合もこの「ユネスコ憲章」の有名な文章は、この時フルブライトとマクリーシュという人がリードしてやっているんです。フルブライトがユネスコの創立の一つの立役者だし、アーチボールド・マクリーシュという、その時の首席全権で来た人は詩人ですよ。それが「戦争は人の心の中にはじまるものであるから……」という、あの有名な憲章を書くわけです。それは、アトリー首相がそれに類したことを述べたことを、非常に詩的に美しい文章で書き上げたのはアメリカ人ですから。そういうふうに国際的な良識派というのが現れて、しばらくすると国粋主義が無知から生まれる。その双方が振り子のように振れて、きてるんです。

鶴見 そう。いつでもこうなの。ところが、今回は九・一一からザザザーッといってしまう。

服部 ザザーッと一種の原理主義にいきましたね。イスラーム原理主義があるけれども、アメリカ原理主義があるわけです。二年前に外務省主催で「日本・イスラームの対話」というシンポジウムが帝国ホテルでありまして、その時に私、公開セッションのところで申し上げたことがあるんです。日本は歴代の首相が外交の柱として必ずいうことがある。それは国連中心主義であると、それから日米同盟ということをいう。この二本の柱を外交の柱として表明するなら、その二つが同じ方向を向いている時はよろしい。ところが、その二つが相反した時はどうするかと。たとえばイラクの場合ですね。その時はためらわずに国連中心主義のほうをとってほしい。それは外務省主催のシンポジウムだから、あえて言わせてもらいますといった。

鶴見 いいことをいってくださった。国連中心主義といつでもいうけれど、今回は非常に誤った情報を外務大臣が国会でやりました。私、ほんとにあきれた。誤った情報を国会で国民にいうということは、一体何だと思ったんです。それは藤原書店の雑誌『環』に書いたの。つまりイラク戦争は、国連安全保障理事会の決議一四四一号において決まった、これは全会一致の賛成でございましたと。

服部　それは情報のすり替えですね。

鶴見　安保理の記録をとりよせてみたら、「重大な結果」が起こりますよといっている。あいまいなのよ。戦争になりますよといったんじゃない。戦争しますよといったんじゃない。それにみんな同意したという印象を与えるように、国会で外務大臣がまちがった証言をした。もっとだらしないのは、その質問をした野党の議員が、それに何にも反論をしなかった。だから外務大臣もだめなら、国会議員も、野党もだめなんです。勉強してないんです。勇気がないんです。もうこういうのはだめ。私は滅亡への道だと思っている。

服部　大義名分というのが大量破壊兵器の存在でしたからね。それをもっと調査してからでないといけないということをいったのが、フランス代表、それからドイツ代表だったんですね。

鶴見　アメリカでも、後になってちゃんと国務長官は、あれはまちがいでございましたと証言したわよ。

服部　そう、あとでね。

鶴見　だけど、ああいうことを日本の外務大臣は言いませんよ。そこが違うんです。だから私は、アメリカが好きです。私はアメリカの大学のお蔭で今日あるんです。アメリカの大学教育はすばらしいと思っているんです。反米じゃないんですよ、私は。だけど、いまのアメリカに批判的なの。

服部　私もアメリカの友人が非常に多いんです。学会でもいろいろ。そして、それらの人々も、われわれと意見を共有しているんです。ただそれが少数派だということですね、現在のアメリカでは。これはやっぱり無知からでしょうけれども、いまの原理主義、ネオコンというような、そっちのほうへみんなが振れていると。それが今回の大統領再選という形で出てしまったんでしょうね。アメリカは現在、軍事産業と石油産業が機関車のように引っぱっているから、経済が成り立っているんで、それら以外の産業でいったら完全にマイナスです。

◆国際社会における「声なき声」

鶴見　自動車はアメリカが第一位だったんです。

服部　もうだめなんです。おそらく数年でトヨタが第一位になりますよ。それに、日産もホンダもいきますから。軍事産業と石油産業。それと銀行とファンドでやっているんですけれども、この軍事産業で引っぱっているという形は非常にあぶない。というのは、自動車は民間の人がユーザーとして、マーケットがあるわけです。軍事産業というのもマーケットがなければならない。なかったら、マーケットをつくりだすんです。それは何かというと戦争じゃないですか。

鶴見　だから次から次へ先制攻撃する。
服部　これはあぶない構造なんです。
鶴見　そこへくっついていくんだから恐ろしい。
服部　ＩＴとか、そっちのほうでがんばってほしいんです。情報産業とか、マイクロソフトとか、がんばっていますけれども、そちらのほうでのアジアの国々の追い上げがすごいし。いまダントツに優れているのは軍事産業だけだから、そちらのほうに依存していく傾向というのは、どうしてもこれからも続くと。そうすると軍事産業が後押ししている大統領が選ばれる。こういう構造になっているのかなと思いますね。

国際社会というものに、もうちょっと日本人も目覚めなければいけない。それはちゃんとそういった国際機関、あるいは大きなＮＧＯの会議とか、いろんなものに出ていると、国際世論というものが、いま、どこにあるのかというのは、だいたいわかるわけです。このあいだのハタミさんの会でも、こういうことをいったのを私も書きとめたんです。オモレバというのがいまのユネスコ総会議長で、次期総会までは前の議長が残りますけれど、これはナイジェリアの人なんです。だから第三世界を代表して発言したんです。ユネスコの後ろ（behind UNESCO）には「声なき声（voiceless）がついている」と。これはすごい言葉で、第三世界というのはなかなか発言がしづらいじゃないですか、援助を受けている側として。百五十カ国ぐらいの。これはすごいですよ。それが国際世論ですよ、ほんというと。

鶴見　「声なき声の会」というのはあるんだけれど……。

服部　会をつくったとたんに「声ある声」になっちゃうからね。そこに「声なき声」といっているところがおもしろい。そこにほんとの連帯も感じずに、しかし、いる。大きな大衆としての何かがあるんです。それがついている。究極的にはそれが動かすという考えね。ぼくはそれを聞いた時に思い出したのは、ハートとネグリという人が『〈帝国〉』（以文社）という本を書いたんです。帝国はアメリカをさしている。現在の帝国の構造というのはもはや植民地を持たない帝国だと。結局は帝国が世界を支配していくわけです、情報とか。すると最後に、それに抵抗勢力が現れるんです。それがマルチチュード（multitude）というんです。

鶴見　大衆、「声なき声」ね。

服部　結局、マルチチュードをどういうふうに訳すかというと、おそらくそれはNGOであり、いろんな国連機関で現れるそういう声であり、結局、「声なき声」なんです。ぼくはそれを「有象無象」と訳そうかと。

鶴見　ああ、それがいいわ（笑）。そうよ、「声なき声」はちょっと古いし……。

服部　それが抵抗勢力になって、その帝国と戦うというんです。そういうことを思い出したんです、オモレバのいっていることを聞いていて。ユネスコの後ろには「声なき声」がついている。それがハタミ氏のイニシアティヴを評価する。

◆南方熊楠の可能性

服部　国際人の絶対に必要な要件として、自らの文化を身につけていること、それから自らの言語をマスターしているということがありますね。それがまずなければ国際人になれない。それから外国の言語を複数履修して、マスターする。そして一番重要なのは、他文化に出会った時にそれを受けいれるオープン・マインディッド（開かれた心）をもっているということが必要だと思います。一番よくないのは、根無し草のようにアメリカへ行ったり、フランスへ行ったり、ほかのヨーロッパの国へ行ったりして、現地の言葉はぺらぺらになるけれども、日本のことをきかれたら何も答えられない、日本の文化について何も語れない人。これは国際人ではない。国際人にはなれない。もし、英語だけできて、日本の文化は身につけていない人が行ったら、ユネスコのような国際機関だったら、はじめからアメリカ人かイギリス人を採用したほうがいいわけです。そういうような機関に入ったときに、その人が評価されるのは自分の文化を身につけているから。それが評価の一つの対象になるんです。これは国際人論をいう人が、多くの場合、ちょっと失念しているところですね。開かれた心をという人はいるけれども。自分の文化に対して自己喪失に陥っている人は国際社会では働けない。

鶴見　私、それが南方熊楠をほんとに評価するポイントなんです。あの人がアメリカに行って、イギリスに行って、日本に帰ってきて、熊野という辺境ですよ、そこにいて、ずっとイギリスに向かって英語で論文を発信しつづけたんだから。

服部　そうそう。南方の場合は、もっともっと知られてよかった人だと思うんですけれど、それはあまりにも専門誌だけの投稿に終わったから、知る人ぞ知るということで、鶴見先生が紹介してくださって、非常にうれしく思うんですけれどね。南方を知っている人は欧米でも非常に少ないですね。

鶴見　柳田は知られているけれど、南方は知られていない。だって、あそこでずっと発信しつづけたんだから。そしていつでも自分の中で自分の根っこ、文化の根と格闘させて、新しいものを出していたんだから。ほんとにその精神こそ受け継がなくてはいけない。そういうお手本があるのよ。

服部　そう。それは南方の至りついた、例えば、「縁」というような思想。「因」じゃなしに「縁」。「因はわかるが縁がわからぬ」といって、「今日の科学では」と、あそこがすばらしいと思ってね。もう複雑系のところへいっているんですね。

鶴見　そうなの。あれは複雑系よ。

服部　だからその「因」というのも、AがBという結果をもたらすなんていう単純な線じゃなしに、それが錯綜しているんですね。因果律というのが複数で錯綜しているという考え方というのは、すばらしい、現在にまったく適応できる。

鶴見　イリヤ・プリゴジン*のカオスの理論が、ちょうど百年隔てて世紀の変り目に出てきたでしょう。南方はちょうど世紀の変り目にあの曼荼羅論を出した。そして一九三〇年代になって量子力学が形成された。それを予言している。

＊プリゴジン　Ilya Prigogine　一九一七―二〇〇三。ロシア出身のベルギーの化学者、物理学者。一九七七年ノーベル化学賞。主著に『確実性の終焉』他。

服部　予言しているんですね。プリゴジンは南方を知っているんですか。

鶴見　全然知らない。でも、縁があるの。プリゴジンが日本に来た時に、中村桂子さんがたしか三回続けた対談をした。その時に、プリゴジンが最後に「私はね――彼女が生物学者だから――生物学のお蔭をこうむっているんですよ」といった。中村さんが「えっ、なんで」といったら、「粘菌ですよ」っていった。「私は粘菌を見て、カオスの理論を考えたんです」。私、とびあがっちゃった。それで彼女に会った時にその話をしたんだけれど。粘菌はほんとにカオスなのよ。

服部　すごい。それはそうですよね。

鶴見　カオスからコスモスへ。コスモスにいった時はもう死んでいる。カオスの時こそ生きている。これなのよ。

服部　なるほど。だからコスモスという形態をとった時に死んでいる……。

鶴見　動けなくなった。

服部　そこがおもしろいですね。植物みたいに一見見える形になるんですね。

鶴見　そうするともう動けない。カオスの時は縦横無尽に動いて、自分の食べ物を捕らえている。

服部　その最後、動けなくなった、植物状態になった粘菌が、しかし胞子をふたたび生み出して……。

鶴見　そうよ。地に落として、またなる。だから生と死は循環している。

服部　循環している。だからチュニジアの詩人シェビじゃないですか。

鶴見　そう。シェビにも通用する。だから南方はもっともっと深めて、広めなければいけないと私は思っている。ほんとに国際人はだれかといったら、南方熊楠をあげるわ。

服部　カオス理論の先取りですし、複雑系の先取りだし……。

鶴見　それから中国の神話があるでしょう。混沌神話。あれにも通じる。

服部　そう。もういろんなところに混沌神話がありまして、そういうところから生まれてくる。インドでも最初は混沌ですからね。そこに最初に何が起こるかというところがおもしろい。風が吹くんです。

◆大いなる循環の中で

鶴見 南方の粘菌の話に出てくるのは、粘菌は、風が吹く時、それから温度の変化などで、動く状態から動かない状態になる。だから外部から来る変化なのね。

服部 インドの宇宙論は最初は風が吹いてはじまる。

鶴見 だから「空」なんだ。

服部 「空」なんです。風というのは動きでしょう。

鶴見 「空」なる世界に風が吹く。動きがあるんですね。

服部 最初に風が吹く。だから粘菌の世界というのは奥が深いですね。こうやっておききしても、すばらしい……。そこに生と死の物語が集約されているし。

鶴見 生と死が同居している。だから生と死とを、二つに分けることができない。

服部 中村桂子さんがいったことで、ぼくが非常に感心したのは、「死があるから生がある」と。だからこれはそうですよ。

鶴見　死ななきゃ次の世代が生きられない。

服部　そこに死と生が循環している、これはおもしろいですね。死がなければいけない。みんな死を恐れているのはおかしいんですよ。

鶴見　そうよ。死というのはその人間にとって最高のハレなの、ケじゃないのよ。

服部　そう。ハレのほうですね。

鶴見　だから私はいま、自分がハレに移るということを、すごくうれしく思っているの。死ぬのは怖くないわよ。

服部　私もほんとにその心境になりたいですね。

鶴見　いや、この宇宙の中にすぽんと入っていくんだもの。自然の中に入寂するのよ、うれしいわよ。

服部　粘菌の世界というのは、そういうことを極小の世界で表していますね。しかし、私が大好きなイメージですが、ハッブル宇宙望遠鏡、それからすばるの望遠鏡が送ってくる宇宙の美しい写真があるじゃないですか。それが完全に同じだろうと思うんです、粘菌の世界と。星が死ぬのがスーパーノヴァ、超新星というわけです。そのスーパーノヴァで塵になった星はどうなるかというと、ふたたび集まって新しい星になるんです。

鶴見　いいわねえ。私はそう思っている。

服部　散ってまた集まり、集まってまた散っていく。

鶴見　私は微小宇宙なの。その微小宇宙が死ぬことによってばらばらになって、塵埃《ちりひじ》となって宇宙に浮遊する。そうすると、何かの加減で、また風が吹いたりして、凝縮して、次の生物になる。その生物は何かわからない。どんな生物になってくるかわからないけれど、そうしてまた地球が生存していれば、生存していなかったらもうだめ、だから地球は生存してほしいんだけれど、また地球に帰ってきて、新しい人生をはじめる。私はそういう生死観です。

服部　大きな意味での輪廻ですよね、これはやっぱり。

鶴見　循環している。これは消えちゃうんじゃないのよ。

服部　それはすごい循環の思想ですね。ほんとに星々の世界、大宇宙、百五十億の歴史がありますね。その中で生起してきたことが粘菌の世界に現れている。

鶴見　微小宇宙である人間の一人一人の個体も、そういう……。

服部　その大宇宙の姿と極小の粘菌との中間体の人間の姿は同じなんです。

鶴見　そう、同じなのよ。

服部　散ってまた集まるというところに生死というものが現れるので、おっしゃるとおり、それに目覚めた人にとってはハレの日ですね。

鶴見　うれしいじゃないの。自分があこがれている大宇宙の中に入れるのよ。

服部　そう、大宇宙に返るんだ。

鶴見　返るんだからうれしいわよ。そしてまた、この小宇宙と微小宇宙として地球があれば、返ってこられる。

服部　私は自分の命と、「わたくし」という自我という問題は、大海の波に浮かんだ一つの泡みたいなものだと思っているんです。波が泡をつくるじゃないですか。しかし、それはいつかはじけて、また水に返る、大海に返る。

鶴見　そしてまた泡になる。

服部　一瞬に泡ができる、それが萃点なんですけれどね。その存在だろうと。だから泡がはじけたらまた大海に返る。大海の一部。それを大宇宙の姿で感じとれれば、もっと壮大になる。これは私、すばるが送ってくる映像を見ていた時にそう思いました。スーパーノバというのがすばらしいと思ってね。あれはハレなんですよ。バーッとすごい輝きを放って散っていくんです、星の死というのはね。

鶴見　うれしいわよ、まだまだこれからハレがあるんだから。

服部　そうですね。最高のハレはまだ残してある。ありがとうございました。

鶴見　どうもありがとうございました。

（了）

エピローグ

諸文明の萃点を求めて

服部英二

私の一生で、鶴見和子さんにお会いできたことは、本当に幸福でした。類《たぐ》い稀《まれ》な知性と感性を兼ね備えた国際人、その姿は多くの人びとに憧憬を抱かせるものでした。殊に私が感銘を受けたのは一九九五年、鶴見さんが病に倒れられたあとの生き方です。半身不随となった鶴見さんは「歌」によって「回生」する。輝くばかりに甦るのです。その歌、それは体内から湧き出るようだった、といいます。

永らくアメリカで暮し、流暢な英語で数々の国際会議をこなし、「内発的発展論」や「南方熊楠論」をものし、学界に大きな足跡を残したこの方が、着物を愛したように常に短歌にたしなんでいたのではありません。大和言葉の言霊《ことだま》が、この試練の時、鶴見さんの内奥から、しかもそれ迄の真理の探究と呼応するかのように、あふれ出てきたのです。

それは生命《いのち》の震動《おののき》であり、響きでした。「言語は音である」とはこの対談で二人が語り合ったことですが、文化の中核に位置する言葉は、その響き、旋律によって宇宙の大いなる生命《いのち》につながっています。

「五大に響きあり」との空海の言葉は、地・水・火・風・空、すなわち世界を形造っている要素がすべて結びあい、宇宙に充ち満ちる響きをもつ、という真言の極意を表わしています。

およそ創世神話はすべて混沌から始まります。その中に一つの震動、響きが起り天地・生物が生まれてくるのです。そう考えるとヨハネ伝の

「太初《はじめ》に言《ことば》あり、言は神と偕《とも》にあり、言は神なりき」

もまた、

「太初《はじめ》の混沌の中に一つの響きが起った。その響きには法則《ロゴス》が伴っていた。響きそのものが法《のり》であった」

と読みかえられるのです。

鶴見和子さんの回生の歌に、私が生命の響きを感じるのは、それが個なる生もまた宇宙の生命の響きにつながっているという真理を表わしているからに他なりません。大宇宙に生れた銀河系の一つの小さな水の惑星に奇しくも出現した生命系、ただ一つの生命の循環と多様化、その集合と離散の相を見事に把えているからです。曼荼羅の思想に至った鶴見さんの歌の響きは、そのまま宇宙の響きを表わしています。

この対談ではまた、生かし生かされる自己、非自己の存在を必要とする自己、ということが語られました。「文化の多様性」の意義です。文明は絶えず出会い、出会いによって成長する。この「文明の対話」の実相は、他文化に対する「互敬」に人びとを誘《いざな》うも

のです。他文化に対する無知とそれによる倨傲《きょごう》は今世紀に入っても中東を中心に数々の紛争を引き起しています。自らの価値が世界の価値と信じる米現政権による市場主義の推進は、地球を確実に壊し、人類もまた存亡の危機に追いやるでしょう。この中にあってユネスコ総会は、二〇〇一年の「文化の多様性に関する世界宣言」に続き、二〇〇五年十月「文化の多様性に関する国際条約」を圧倒的絶対多数で採択しました。これに反対したのはアメリカとイスラエルのみです。イラク戦に参加した英国・日本もこればかりは賛成票を投じました。地球と人類の将来を案じる国際社会は、これにより、人間のこころ、魂の領域を市場原理に任すことを拒否したのです。

その直後の十一月、この対談中に予告した国際シンポジウム「文化の多様性と通底の価値」が、世界の知性二八名を一堂に会して、パリで行なわれました。文化の独自性を尊重しつつ、諸文明には深みにおける出会いがあるのではないか、を問うたものでした。これ程日本的霊性の普遍性を正面切って問うた会議は前例がないのですが、一見相容れぬと思われがちな一神教と多神教を代表する学者達の間には驚くべき知の収斂が見られました。

諸文明の萃点《すいてん》を求めた鶴見和子さんとの対話は、世界の舞台でも始動しているのです。

二〇〇六年一月二十八日

共生に向けての対話へ

鶴見和子

対談相手の服部英二先生の学識の広さと、思索の深さと、その学識と思索が、多文明間、ならびに多様な専門領域（自然・人文科学および文芸）間の長年にわたる対話の実践に基づいていることに圧倒された。私はひたすら教えを乞う立場に徹した。

服部先生との出会いは、ブラジルのベレン会議であった。それは服部先生が発案されて、ユネスコを萃点《すいてん》として始められた「科学と文化の対話」シリーズの終りに近い会議であった。

科学はそれが発祥し展開された地域の文化に深く根ざしているゆえに、それぞれ独自性をもつ。しかし相互に活気ある対話を積み重ねることを通して、共通の、そしてより豊かな知識に至ることができる。

「科学と文化」シリーズのしめくくりの会議は、ユネスコと国連大学との共催による萃点の拡大による東京会議であった。

異なる文化に根ざした科学は、それぞれ独自性をもつが、相互に活力ある対話を積み重ねることによって、共通の認識に達することができる。共通の認識とは、自然の摂理に基づいた「循環の思想」であることが示唆されている（「東京からのメッセージ」参照）。

多文明間、多専門領域間対話は、服部先生を導師として、ユネスコを萃点として、現在はイスラーム圏を含めて、進行中である。

私は曼荼羅の思想を、異なるものが異なるままに、お互いに補いあい、助けあって、地球上に共生する道を探ることだと要約してきた。

異なるものを排除し、抹殺することによって、単一の文明をもって地球上を支配しようとする一極支配主義は、核戦争と生類の滅亡に至る道だと考える。それは支配者にとっても、自滅への道である。核戦争は地球の破壊を招くからである。

これから、大中小さまざまの萃点を設けて、共生にむけた対話を積み重ねてゆくことが、人類だけでなく、生類の存続にとって重要なのではないだろうか。

私は南方熊楠の曼荼羅論に導かれて、このような現状認識をもつようになった。

曼荼羅論の中に、萃点（すいてん——多様なものが集まり交流する場）という考えを創出したのは、南方熊楠の功績である。

しかし、熊楠は、萃点で、どのようなことが生起するか、はっきり述べることがなかった。服部先生は、ユネスコという国際的、学芸際的萃点において、導師として、対話をどのように進めるか、そこにはどのような困難があるか、異なるものの間の対立、格闘から「通底」へのプロセスを、実践的、具体的に初めて明示して下さった。

これから、新しい導師があらわれて、大中小さまざまの萃点が設けられて、共生にむけての対話が展開されることを切望する。そのために、この対談が少しでもお役に立つならば、こんなにうれしいことはない。

国内外のお仕事に多忙を極めておられる服部先生が、日程をやりくりして、二日にわたって、懇切丁寧にお教え下さったことを、深く感謝する。この対談を実現し、対談に積極的に参加して下さった、藤原書店の社長、藤原良雄さんに厚く御礼を申し上げる。そして、この多岐にわたる対談を、わかり易く整理して小見出しと注をつけて下さった刈屋琢さん、まことにありがとうございました。

二〇〇六年一月二十五日

〈資料〉1　東京からのメッセージ

「見えざるものを見る者だけが、不可能を可能にする」

一九世紀頂点に達した機械科学は、冷静な観察者を研究の対象から切り離すことを試み、そこから生まれた盲目的な進歩の概念は文明を物質的に見る傾向を生んだ。そのため今日では、二つの対立するイデオロギーが生まれている。すなわち、文明の標準化を通じて「進歩」を見る技術的な思想と、反対に文化的独自性を尊重し、多様性を守らねばならないという考えである。こうした対立的な考え方の基には、「科学」と「文化伝統」は両立せず、越え難い深淵に遮られているという故なき信念がある。

我われが思うに、この表面的な対立は、過去三〇〇年ほどの間（人類の歴史のほんの一万分の一の時間帯）に、西欧の科学が以前のように自然を全一的に掌握する姿勢を失ってきたことによる。この科学の流れは自然を機械的に、価値の問題とは切り離してみる傾向を特徴とし、そこから物質的で技術的な富が生まれはしたが、同時にますます専門化と細分化を進めることになった。

二〇世紀に入ると主だった科学者たち（神学者や哲学者ではない）は、実験から得られた成果に基づいて、それまでの三世紀にわたる臆説を覆し始めた。特にこの動きをリードしたのは量子物理学者で、彼らは「宇宙にはある種の全一的な秩序がある」ことを発見したのである。これは科学が放棄したかつての宇宙観に近いものであった。

したがって、我われの一九九五年の東京からのメッセージは、人間の普遍的な価値が再び統一され、人類の努力の方向が定まるような、新しい啓発の時代が今や訪れているということを告げるものである。こうした努力の中で、女性は平和の文化の創造に参加することによって、暖かい社会を生み出す基本的な力となろう。平和の文化とは、女性も男性もそれぞれの運命に責任をもつ文化である。しかし、この思いは現存する世代だけに限られるものではない。世界人権宣言、児童の権利に関する条約を補い、また世代間の継続性に鑑み、人権や児童の権利が未来の世代にも拡大されることを我われは要求する。

このような啓発的思想の中心的なテーマは、「多様性の中の統一」という逆説的な相互補佐性がある。民族、宗教、皮膚の色などの相違を受け入れずに敵視することは、統一ではなく絶望を生む。新しい科学の自覚から自然に生じる全一的な教えは、伝統的な思考の再現と相俟って、永続的な平和の達成の基礎となるだろう。

この啓発的な思想の中核をなす特徴は、多様性の中の統一への新しいアプローチを評価することにある。永らく自然科学者や社会科学者は、最初は目に見える美術に現われたものだが、「全体は、部分の合計より大きく、また質的に異なったものだ」という考え方を持っていた。この考え方に基づけば、構成要素が特殊な配列に従って全体を構成する時、新しい属性が現れるのである。しかし科学は現在、宇宙のまったく違った全一的な様相の存在を明らかにした。この新しい全一論は《その「部分」の中に全体が包含され、「部分」が全体に分散されている》という認識なのである。したがって我われのメッセージは、自然の中の人類存在の未来について強力な全一的ヴィジョンを持つ、大乗仏教（曼荼羅）の概念を反映したものである。

ヘイトール・グルグリーノ・デソウザ（国連大学学長）
フェデリコ・マイヨール（ユネスコ事務局長）
大江健三郎（作家）
ジャック＝イヴ・クストー（エキップ・クストー会長）
サンチアゴ・ヘノベス（メキシコ国立自治大学教授）
河合隼雄（国際日本文化研究センター所長）
エドガー・モラン（CNRS学際研究センター研究部長）
中村雄二郎（明治大学教授）

アロイス・レイモン・ディアエ（モントリオール大学国際協力財団理事長）
西島安則（前・京都大学学長）
レム・V・ペトロフ（ロシア科学アカデミー副会長）
カール・H・プリブラム（ラドフォード大学頭脳研究情報科学センター教授）
ミシェル・ランドム（作家）
ヘンリー・P・スタップ（カリフォルニア大学ローレンス・バークレー研究所教授）
メリー・G・タン（インドネシア科学研究所社会文化研究センター）
鶴見和子（上智大学名誉教授）
山本卓眞（日本ユネスコ協会連盟会長）
ルネ・ベルジェ（国際芸術批評家協会名誉会長）
ウビラタン・ダンブロジオ（カンピナス州立大学教授）
マーディ・エルマンジャラ（モハメド五世大学教授）
服部英二（シンポジウム・コーディネーター／ユネスコ事務局長顧問）

＊肩書はシンポジウム当時のもの

＊このメッセージは、国連大学、国連教育科学文化機関（ユネスコ）主催、外務省、文部省、国際交流基金、日本ユネスコ国内委員会および日本ユネスコ協会連盟の協力のもとに、一九九五年九月十一〜十四日に東京で開催したシンポジウム「科学と文化――未来への共通の道」の出席者から出されたものである。

〈資料〉2　対話の文化

服部英二

中東の戦火が止まない中、この（二〇〇五年）四月五日、パリのユネスコ本部を訪問したイランのハタミ大統領を囲んで、急遽「文明間の対話」シンポジウムが開催され、私は外務省の要請でそれに参加することとなった。一五〇〇名を越す外交団や職員、そして特別招待者を前に、松浦晃一郎事務局長、アルジェリアのブーテフリカ大統領と共に壇上に立ったハタミ氏は、冒頭にユネスコ憲章の前文の「戦争は人の心の中で生まれるものであるから、人の心の中に平和のとりでを築かねばならない」という有名な一節のみならず「相互の風習と生活を知らないことが、人類の歴史を通じて世界の諸民族の間に疑惑と不信をおこした共通の原因であり、この疑惑と不信のために諸人民の不一致があまりにもしばしば戦争となった」、そして、「……真の平和は人類の知的、精神的連帯の上に築かれなくてはならない」との第五節までも引用し、自分に残された人生をユネスコの理念に捧げる、と述べた。二〇〇一年を「文明間の対話国際年」としたこの人は、大統領としての最後の訪問地にユネスコを選び、この国連機関と連動する形で、民間の「文明間の対話国際研究院」を設立する構想を明らかにしたのである。そこには、イラクに続きイランを名指しする〈帝国〉アメリカにユネスコの理念で対抗しようという意図が読みとられる。

ハタミ氏は二〇〇一年のユネスコによる「文化の多様性に関する世界宣言」、〇三年の「無形文化財保護条約」、本年（二〇〇五年）秋総会にかかる「文化の多様性に関する国際条約」等の動きを高く評価、対話のための事業例として、原稿にはなかった「シルクロード調査」にも触れた。その発言の骨子は「平和の文化」に続く「対話の文化」を創出することにある。

トインビーの言葉では「文明は疫病のようなもの」だが、ハタミ氏にとって文明とは「相互に出会いながら成長するもの」である。この点はブーテフリカ氏はじめ多くの発言者（筆者も含め）の共感したところである。ただハタミ氏が更に「対話とは意識されたコミュニケーションである」とのべたとき、筆者は耳をそばだてた。彼は「言語」の重要さを説くのだ。雨風等自然界の音と物理的には同じ人間の声が「意味」をもつのは、そこに存在論的・認識論的・歴史的なすべてが統合されているからだ、と。

彼にとって対話は更に道徳的行為である。プラトンを引きながら、美・真・正義が一致する一つの論理がそこにある、という。そして、ブッダの慈悲に始まり、イエス、モーゼ、ゾロアスターから、ピタゴラス、アビセンナ、カント、デカルト、ベルグソン、日本の俳諧からバッハ、モーツアルト等も列挙し、これら先人の残した美、理想、文化を知らねばならぬ、と主張する。そして、更に「宗教の美は正義の美」であると彼は断じた。

「今われわれの共通の敵は、歴史・文化・文明に対する無知である」との指摘は、午後の私の発言要旨と完全に一致し嬉しく思ったが、スペイン元首相フェリペ・ゴンザレス、アガ・カーン、フランス元文相シュベヌマン等の各氏の共有するものであった。

一八世紀から政治が廃退した、と見るハタミ氏は、政治は道徳を取り戻さねばならぬ、と説く。それは文化を考えることに他ならない。「倫理なき政治、美学なき政治、傲慢な専横政治が人権の擁護者の顔をすることはできない」と、名指しはせずとも、力で相手をねじふせるブッシュ政権の一国主義を痛烈に批判することも忘れなかった。

昼食時、私は貴方の触れられたユネスコ・シルクロード調査計画の立案者です、と挨拶するとハタミ氏はとても喜んでくれた。午後六時半から九時までの円卓会議では、発言者は五〇人にも及び、持ち時間三分に限られたが、それを充分に越え私は自分の思いをありのまま述べられたと思う。ハタミ大統領の国が一五世紀前から日本と結ばれていたことを正倉院のペルシャの壺が証ししていること、それをもたらしたのがシルクロード、すなわち対話の道であったことから始め、文明史の歪みとイスラム文明の貢献の消去が正義に反することを述べ、こう結んだ。「現世界には連帯が欠如している。それは無知がはびこっているからだ。今日、世界には愛が欠如している。なぜなら愛するためには知らねばならないからだ。ユネスコの使命は無知との戦いである。」

ハタミ氏の対話とは決して政治的な「交渉」ではない。それは先人の精神的遺産を継承し、「他」によって生かされる文明の実相、すなわち「互恵」の姿の認識を説くものである、と私は感じた。そこには唯一の巨大軍事帝国に正論で立ち向かわんとする聖職者の姿があった。

総会議長を務めるナイジェリアのオモレバ氏が、第三世界を代表して「ユネスコには声なき声がついている」と述べられたのも忘れられない。

（二〇〇五年五月一日）

鶴見和子（つるみ・かずこ）

一九一八年生まれ。上智大学名誉教授。専攻・比較社会学。一九三九年津田英学塾卒業後、四一年ヴァッサー大学哲学修士号取得。六六年プリンストン大学社会学博士号を取得。論文名 *Social Change and the Individual: Japan before and after Defeat in World War II* (Princeton Univ. Press, 1970)。上智大学外国語学部教授、同大学国際関係研究所員。八二―八四年、同所長。九五年南方熊楠賞受賞。九九年度朝日賞受賞。

十五歳より佐佐木信綱門下で短歌を学び、花柳徳太郎のもとで踊りを習う（二十歳で花柳徳和子を名取り）。一九九五年十二月二十四日、自宅にて脳出血に倒れ、左片麻痺となる。

著書に『コレクション　鶴見和子曼荼羅』（全九巻）『歌集　回生』『歌集　花道』『南方熊楠・萃点の思想』『鶴見和子・対話まんだら』（以上、藤原書店）など多数。二〇〇一年九月には、その生涯と思想を再現した映像作品『回生　鶴見和子の遺言』を藤原書店から刊行。

服部英二（はっとり・えいじ）

一九三四年生まれ。麗澤大学比較文明文化研究センター客員教授、道徳科学研究センター研究主幹、ユネスコ事務局長官房・特別参与、国際比較文明学会副会長、日仏教育学会会長。京都大学大学院文学研究科博士課程修了。六一年、ソルボンヌ大学博士課程留学。帰国後、日本ユネスコ協会連盟事務局長などを務め、七三年よりユネスコ・パリ本部に勤務、主席広報官、文化担当特別事業部長などを歴任。その間に「科学と文化の対話」シンポジウム・シリーズ、「シルクロード・対話の道総合調査」などを発足させる。九五年、フランス共和国より「学術・教育功労章」オフィシエ位を授与される。

著書に『文明の交差路で考える』（講談社現代新書）、『出会いの風景——世界の中の日本文化』『文明間の対話』（麗澤大学出版会）、"Letters from the Silk Roads"（University Press of America）、『科学と文化の対話——知の収斂』（麗澤大学出版会）ほか。

「対話《たいわ》」の文化《ぶんか》　言語・宗教・文明

2006年2月28日　初版第1刷発行©

著　者　服部英二
　　　　鶴見和子
発行者　藤原良雄
発行所　株式会社 藤原書店
〒162-0041　東京都新宿区早稲田鶴巻町523
電　話　03（5272）0301
FAX　03（5272）0450
振　替　00160-4-17013

印刷・製本　図書印刷

Printed in Japan
ISBN4-89434-500-5

珠玉の往復書簡集

邂逅（かいこう）

多田富雄・鶴見和子

脳出血に倒れ、左片麻痺の身体で驚異の回生を遂げた社会学者と、半身の自由と声とを失いながら、脳梗塞からの生還を果たした免疫学者。二人の巨人が、今、病を共にしつつ、新たな思想の地平へと踏み出す奇跡的な知の交歓の記録。

B6変上製　二三二頁　二二〇〇円
（二〇〇三年五月刊）
◇4-89434-340-1

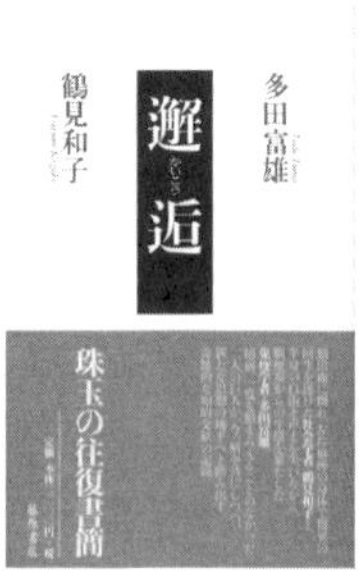

強者の論理を超える

曼荼羅の思想

頼富本宏・鶴見和子

南方熊楠の思想を「曼荼羅」として読み解いた鶴見和子と、密教学の第一人者・頼富本宏が、数の論理、力の論理が支配する現代社会の中で、異なるものが共に生きる「曼荼羅の思想」の可能性を徹底討論。

カラー口絵四頁

B6変上製　二〇〇頁　二二〇〇円
（二〇〇五年七月刊）
◇4-89434-463-7

『回生』に続く待望の第三歌集

歌集　花道

鶴見和子

「短歌は究極の思想表現の方法である。」――大反響を呼んだ半世紀ぶりの歌集『回生』から三年、きもの・おどりなど生涯を貫く文化的素養と、国境を超えて展開されてきた学問的蓄積が、脳出血後のリハビリテーション生活の中で見事に結合。

菊上製　一三六頁　二八〇〇円
（二〇〇〇年二月刊）
◇4-89434-165-4

短歌が支えた生の軌跡

歌集　回生

鶴見和子

序・佐佐木由幾

脳出血で斃れた夜から、半世紀ぶりに迸り出た短歌一四五首。著者の「回生」の足跡を内面から克明に描き、リハビリテーション途上にある全ての人に力を与える短歌の数々を収め、生命とは、ことばとは何かを深く問いかける伝説の書。

菊変上製　一二〇頁　二〇〇〇円
（二〇〇一年六月刊）
◇4-89434-239-1

「国民＝国家」を超える言語戦略

多言語主義とは何か

三浦信孝編

最先端の論者が「多言語・多文化」接触というテーマに挑む問題作。

川田順造／林正寛／本名信行／三浦信孝／原聖／B・カッセン／M・ブレーヌ／R・コンフィアン／西谷修／姜尚中／港千尋／西永良成／澤田直／今福龍太／酒井直樹／西川長夫／子安宣邦／西垣通／加藤周一

A5変並製　三四四頁　三六〇〇円
（一九九七年五月刊）
◇4-89434-068-2

「英語第二公用語化論」徹底批判

言語帝国主義とは何か

三浦信孝・糟谷啓介編

急激な「グローバリゼーション」とその反動の閉ざされた「ナショナリズム」が、ともに大きな問題とされている現在、その二項対立的な問いの設定自体を根底から掘り崩し、「ことば」と「権力」と「人間」の本質的な関係に迫る「言語帝国主義」の視点を鮮烈に呈示。

A5並製　四〇〇頁　三三〇〇円
（二〇〇〇年九月刊）
◇4-89434-191-3

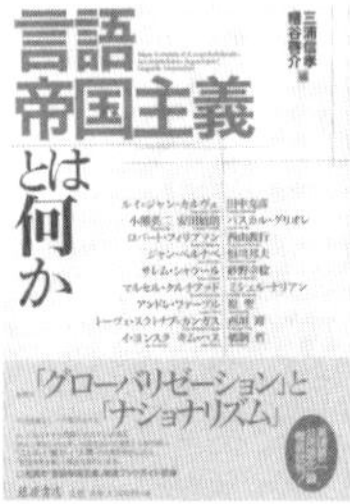

共和主義か、多文化主義か

普遍性か差異か

（共和主義の臨界、フランス）

三浦信孝編

一九九〇年代以降のグローバル化・欧州統合・移民問題の渦中で、「国民国家」の典型フランスを揺さぶる「共和主義vs多文化主義」論争の核心に、移民、家族、宗教、歴史観、地方自治など多様な切り口から肉薄する問題作！

A5並製　三二八頁　三三〇〇円
（二〇〇一年一二月刊）
◇4-89434-264-2

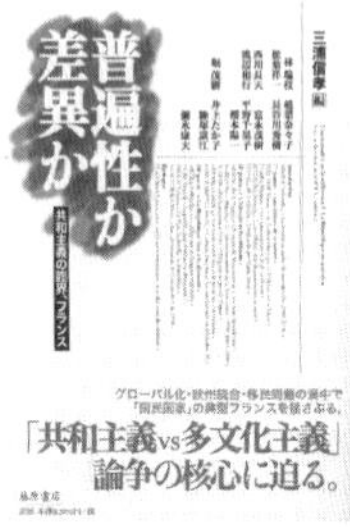

自由・平等・友愛を根底から問う

来るべき〈民主主義〉

（反グローバリズムの政治哲学）

三浦信孝編

グローバル化と新たな「戦争」状態を前に、来るべき〈民主主義〉とは？

西谷修／ベンサイド／バリバール／増田一夫／西永良成／北川忠明／小野潮／松葉祥一／糠塚康江／井上たか子／荻野文隆／桑田禮彰／長谷川秀樹／櫻本陽一／中野裕二／澤田直／久米博／ヌーデルマン

A5並製　三八四頁　三八〇〇円
（二〇〇三年一二月刊）
◇4-89434-367-3